JN005291

死る旅

松原タニシ

二見書房

死る旅

松原タニシ

はじめに

事故物件にばかり住んできました。

事故物件とは自殺、他殺、孤独死など何らかの理由でそこで人が亡くなった物件のことで、事故物件と聞くと恐怖、怪奇、異質……であったり、不幸、悲しみなどの負のイメージから過敏に拒否反応を示してしまうような、そして自分とはまったく関係のない世界のように思われる人も少なくないのではと思うのですが、実際僕も住む前まではそうでした。実際住んでみると、そこには日常があり生活があり、生と死が共存していました。

事故物件に住みはじめた理由は、最初は幽霊に会うことが目的でした。
それもはじまりはテレビ番組の企画からでした。
現在十三軒目の事故物件を借りてますが、いまだにちゃんとは会えていません。

途中から旅に出るようになりました。幽霊に会うためです。
心霊スポットや史跡、廃墟、いわくつきの場所なんかを、しらみ潰しに巡りました。
だけど、いまだにちゃんとは会えてません。

ただ、こんな生活を続けていたら、不思議なことは起こるようになりました。よくわからないものが映像で撮れたり、変な音声が録音されたり、写真を撮ろうとしたら顔認識しなかったり。だいたい電気機器が異常をきたすことが多いです。やはり霊と電気は何か関係があるのでしょうか。

ちなみに五年前、真っ黒い顔の写真が撮れたのですが、その写真を見た人に「五年後にすべてを失くします」と言われた五年後が、今年だったりします。

あと、不思議な話も集まるようになりました。たくさんの人たちが奇妙な話を教えてくれました。

しかしこの本は不思議な話や怪奇現象をみなさんに知ってもらうための本ではありません。

みなさんは心霊に何を求めているのでしょう？

怖さ、不思議、ロマン、他人の不幸、いろいろあると思います。

少なくとも事故物件に住みはじめてからこれまでの僕は、心霊を「希望」としてとらえていました。それは僕自身にとっては飯のタネであるわけですし、また、僕だけでなく心霊・オカルト好きの人たちにとっても心霊とはファンタジー、心霊より恐い「現実」を生き抜くための装置として充分な機能を果たしているのではないかと勝手に思っていたからです。

しかし、あることに気づいてしまいました。それは、嫌なことから目を背けていたら、目を背けている自分から、目を背けられなくなってしまうということです。

知らないことは怖い。知ると怖さは軽減される。怖いから知りたい。

けど、本当にそれは自分が知りたかったことなのだろうか？
ただ違う恐怖から逃げるために、目を背けるために心霊に目を向けていたのではないか。

本当に一番怖いものとは何なのか。
生きるために死と向き合った僕の旅。
最後までお付き合いいただけたら幸いです。

目次

熱海、未完の橋を目指して
逃亡の旅

二〇一八年四月十日、僕は一人で熱海に来ていた。熱海に来るのは初めてだ。そもそも熱海がどこにあるのかすらわかっていなかった。

前日はラジオ出演のため名古屋にいた。放送終了後、大阪に帰って、初めての単行本『事故物件怪談　恐い間取り』を書き上げるはずだった。翌日の四月十一日が出版社から指定された最終締切だ。

しかし僕は逆向きの電車に乗った。ＪＲ東海道本線浜松行の鈍行列車で約二時間半。浜松で静岡行に乗り換え、さらに一時間。終点の静岡駅で降りる。まさに今日、四月十日で有効期限が終わる「青春18きっぷ」を最終日に滑り込みで使用した。

青春18きっぷは全国のＪＲ線普通・快速列車に乗り放題の期間限定フリーパスだ。

一週間前、僕はこの18きっぷを使って山口県の島田まで行き、七つの廃屋が密集する心霊スポット「七つの家」を訪れている。

行ったことのない地域に行きたい。いつも僕はそう思っていて、心霊スポットなどを探索するのはそんな理由も含まれる。山口県はまだ行ったことがなかった。ただ、なんで締切が迫るこのタイミングで行くねんとは思われているだろうけど。

目の前のやらなきゃいけないことから逃げ出して、つい、今やらなくてもいい別のことをしてしまうのはよくあることだ。

受験勉強をしなければいけないのについ部屋を片づけてしまったり、逆に引っ越しの準備で部屋を片づけなければいけないのについ本を読みあさってしまったり。

僕の場合、原稿を書かなければいけないのに、つい行ったことのない県の心霊スポットに行ってしまう、というやつである。

目的地は熱海。向かう理由は、行ったことがないからと、よく知らないからと、廃墟が多いからだ。

廃墟パラダイス・熱海

結局その日のうちに熱海にはたどり着けなかった。静岡駅に着いたのは夜遅くだったので、駅前の漫画喫茶に入って朝を待つ。次の日には18きっぷは使えない。しかしそれでも静岡まで来られたことで、移動が夜行バスばかりだった自分にとっては少し節約になった。いや、どうだろう、漫画喫茶の料金を含めると特急で行くのとあまり変わらないのかな。いや、18きっぷを未使用で余らせるよりはよかったはず。

なんにせよ執筆から逃げたかったのと、熱海に行くことが自分なりにちょうどいい理由だったんだろう、きっと。

翌朝、静岡から熱海へ向かう。向かう途中に気づく。

そうか、熱海は静岡県だったのか。

富士山を横目に伊豆半島のつけ根を一直線に東へ横断し、相模湾側まで行ったところに熱海はある。そこから北上するとすぐに箱根があって小田原があって、すでに神奈川県なのだ。だからギリギリ、熱海は静岡県。このへんの地理は関西の人間にはなじみが薄くてよくわからない。

熱海は一九五〇年代から新婚旅行の人気スポットになり、新幹線開通でさらに団体客が押し寄せ観光地としてにぎわった。バブル崩壊後から急速に宿泊客が減少し、宿泊施設も半分以下となって廃墟が目立つようになる。現在V字回復に向かってはいるが、マニアにとってはいまだに格好の廃墟探索スポットだ。

熱海駅に着いたのはお昼過ぎ。初めて踏みしめる何のゆかりもない土地。平日の昼間でもそれなりに観光客らしき人たちはいる。どちらかというと高齢者が多い感じだ。

それにしても風が強い。海が近いからだろうか。四月の風にあおられながら、それなりの観光を試みる。商店街は土産物屋が多くて多少はにぎやかだが、どこか懐かしい。イケてる昭和の残り香なのだろう。揚げ天屋でチーズ入り海老あさり天を買う。しかし座る場所を探している間に強風にさらされた揚げ天は揚げたての意味をなくしていた。

もっと海に近づくためにバスに乗る。車窓から貫一お宮の像を眺め（見えなかったけど）、適当なバス停で降りる。

白骨化したホテル

海岸沿いを歩いていると、巨大な蜂の巣のような遺跡が現れた。ホテルの廃墟だ。僕が見たのは熱海海浜ホテル跡で、途中まで解体されて土台だけが残された状態のようだ。すたれ具合やむき出し具合にホテルの〝白骨遺体感〟があり、異様は異様だったのだが、昼間なので全然怖くない。もちろん中にも入れないので、さっさとアタミロープウェイを目指す。ロープウェイの上には秘宝館があるのだ。

「熱海温泉は昔、海の中より温泉が湧き出し、海がお湯のように熱くなったことから熱い海、熱海と名づけられました」

ゴンドラ内に流れるナレーションで熱海の由来を知る。そーだったのか。

ロープウェイの山頂駅の中に秘宝館はあった。入場料は千七百円。高い。でもロープウェイ往復券とセットだと千八百円。安い。

初めての秘宝館。入口にはあからさまに卑猥な亀。ドキドキしながら中へ入る。とにかく下ネタのオンパレードだった。四十八手が描かれたおみくじ、春画、マリリンモンロー、クジラの性器、大人版浦島太郎などなど。

一番びっくりしたのはのぞき穴から見ると女の人がお風呂に入っていて、そのうしろからのぞき穴を目がけてものすごい水圧の水が噴射されるアトラクション。眼球が破壊されるかと思った。そしてそんなことよりも僕のあとから入ってきたカップルがキャッキャ言いながらどんどんアトラクションをこなして迫ってくるため、追いつかれないようにと、なかなか集中できなかったのが残念だった。

　秘宝館は誰かと来た方が楽しいのかもしれない。一人だと、感想の共有ができない。あ、でも自分の心にだけ秘めておくのが本当の秘宝館の楽しみ方なのかな。いや、そんなわけないか、なんてことを考えながら、下りのロープウェイに乗る。

謎のコテージ

　僕はこの旅を楽しもうとしていた。

　このあと伊東に行って伊豆高原ビールと漁師メシの山盛り海鮮丼を食べてやろうと決めていた。熱海駅に戻りＪＲ伊東線に乗って、伊東駅で伊豆急行に乗り換え、伊豆半島でもっとも東に位置する富戸《ふと》駅で降りる。

　富戸駅に着いた頃には日が沈みかけていた。駅から伊豆高原ビールの店まで徒歩二十五分。僕はどんどん暗くなっていく伊豆の山道を、切れかかるスマホのバッテリーに焦りながら孤独に歩いた。なんとかたどり着き、ビールと海鮮丼をいただいて、落ち着いたところでふと我に返る。

「このあとどうしよう」

　本来の旅の目的は真夜中の異界探訪だ。心霊スポット、廃墟、墓地、処刑場跡……などに行きネットで生配信してこそ旅の意味がある。富戸駅で降りたのは海鮮丼の前に、いちおう探訪予定の目的地があったからだ。しかしスマホのバッテリー残量がわずかな状態では生配信は不可能である。それに傘がないのに雨が降り出してきた。どうしよう。

いつバッテリーが切れるかもわからないスマホで近くの宿泊施設を検索する。すると、幸いにもすぐ近くに「コテージホテル 大いなる海」というのがあった。値段も安い。よかった。名前もかっこいい。よし、今日はとりあえずここに泊まって充電して、態勢を整えてから考えよう。

しかし、行ってみると電気がついてない。しかも建物の周りに騎士の鎧やシャレコウベ、死神の鎌などが飾ってあって異様に怖い。勇気を出してフロントに近づいてみると、天井からハンマーがぶら下がっていて、その横に「4回鳴らしてください」と書いてある。四回鳴らしてみた。

「はーい」

おじさんが二階から下りてきた。

「すいません、今日お客さんいないからもう閉めてるんですよ」

そ、そんな。となると、もはや野宿するしかないのか。

「あの、じゃあ廃墟と廃道と心霊スポット知りませんか？」

絶望した僕の口から会話をつなぐためにとっさに出た言葉がこれだった。

「お兄さんそんな怖いところに行こうとしてるの？　それだったら特別に泊まってくれていいですよ」

なぜか泊まらせてくれることになった。ありがとうおじさん。ついでに「怪しい少年少女博物館」と「まぼろし博覧会」の情報もくれた。これらはフィギュアやマネキンやオカルトグッズなどヘンテコな物ばかりを集めた珍スポットである。またいつか行こう。

半四郎落とし

コテージでスマホを充電し、少し体を休め、ようやく雨が小降りになった午前四時、城ヶ崎海岸へと向かう。この海岸は約四千年前に、伊豆高原にそびえる大室山の噴火によって形成された断崖絶壁だ。

「大いなる海」から約六キロ。グーグルマップが示す経路だと、徒歩で一時間十二分かかる。どうせなら絶景からの朝日が見たい。僕はスマホと懐中電灯をそれぞれの手に持って、まだ夜が明けぬ伊豆をただひたすら歩いた。

海が見えた頃には空が白んできた。そして海辺の町には廃墟が点在していた。

午前五時五十分、城ヶ崎海岸の門脇吊橋に到着。長さ四八メートル高さ二三メートルの、断崖絶壁と断崖絶壁を結ぶ揺れる吊橋から朝日を眺める。絶景。下をのぞくと宙に浮いてる感が半端ない。少しでも身を乗り出せば絶望。

「いかなきゃいかなきゃ」

この橋を渡ると無意識のうちにそうつぶやいてしまうらしい。逆に意識的につぶやいてみたが特に何もなかった。と思ったら、橋を渡り切ったあとにコケた。城ヶ崎海岸には柵がない。もしこれが真夜中だったら、どの位置から断崖絶壁なのかもわからない。あやうく簡単に命を落とすところだった。これが半四郎落としというものか。

この城ヶ崎には「半四郎落とし」と呼ばれる伝説がある。

昔、トジ（海藻）採りの名人だった半四郎が、カゴいっぱいのトジを背負い岩場で立ち上がった瞬間に、トジの重みに引っ張られ崖から転落してしまう。妻のおよしは半四郎の死を嘆き、崖の上で毎日泣いた。そのおよしの涙がイソギクとなって花を咲かせ、それ以来、城ヶ崎一帯には毎年秋になるとイソギクの花が咲くという。

思ってたよりいい話だった。

リコピンの力

僕にはもう一つ行かなければいけない場所がある。むしろはじめからそこに行くために富戸に来た。それは「未完成ループ橋」だ。

それは「赤沢八幡野連絡橋跡」と呼ばれ、一九七〇年代に別荘地開発の資材や重機を運搬するためにつくられたといわれている。現在は放置されているのか、廃墟となっている。

城ヶ崎海岸の吊り橋

河津三郎の血塚

これがとにかくバカデカい。廃墟マニアたちにもかなり人気の高いスポットである。

城ヶ崎海岸からは徒歩で約一時間半。これまたかなりの距離だ。しかも場所がわかりにくい。とにかく近くにある「河津《かわづ》三郎の血塚」を目標に歩いてみるしかない。

日は昇り鳥はさえずり、完全に朝だ。空気もいい、景色も素晴らしい。右側にはきれいな緑の台形が見える。大室山だ。すべて芝生なんじゃないかというくらいきれいだ。

「こんにちはー」

道路をはさんで反対側の歩道から声がする。登校中の小学生があいさつしてるのか。そうか、もう学校がはじまる時間なんだなぁ。

「こんにちはー！」

ん？　僕にあいさつしてるのか？　してる……みたいだな。

「こんにちは」

なんてさわやかな子供たちなんだ。素敵だな。

すると、ネットの生配信を観ている視聴者からコメントが入る。

「子供のこんにちはは警戒のしぐさです」

「今は学校で防犯対策としてあいさつが徹底されてますね」

「つまり不審者と認識されたのでは」

あ、そういうことか。

めげずに歩く。まだまだ歩く。もうかれこれ三時間以上歩いてるな。ああ、昨日中に残り二話分の執筆をしないといけなかったんだけど、今日なんとかなるかな、どうやろ、あれ……今何してるんやったっけ、あれ…………あかん！　歩きながら寝てた。

これはまずい、限界が来ている。あ、コンビニが見える、入ろう。今、何が欲しいのか、身体は何を欲しているのか。僕は無意識にトマトジュースを選び喉に流し込んでいた。そしてみごとに完全復活をはたす。すごい、リコピンの力すごい。

しかしまだまだ道は続く。日が昇るにつれて国道１３５号線はどんどん交通量が増していき、歩道のすれすれをものすごいスピードで車が通りすぎていく。

これはトマトジュースを飲む前の自分だったら完全に轢《ひ》かれているな。いつもギリギリで生きながらえている。

未知との遭遇

午前八時半、河津三郎の血塚に到着。ここ、どうやら心霊スポットでもあるみたいだ。しかしその前に河津三郎（河津祐泰《すけやす》）は、なんと相撲の決まり手である「河津掛け」の考案者なのだ。相撲界では元大関・貴ノ浪が得意とし、プロレス界ではジャイアント馬場が河津掛けをかけながらそのままうしろへ倒れ込む「河津落とし」を編み出した。つまりこの河津三郎がいなければ、貴ノ浪の大関昇進もプロレス界の発展もなかったかもしれない。

そしてここは日本三大仇討ちの一つ「曽我兄弟の仇討ち」の発端となった場所なのだそうだ。僕は日本三大仇討ちというものがあることすら知らなかったのだが「曽我兄弟の仇討ち」「鍵屋の辻の決闘」「赤穂浪士（忠臣蔵）」の三つらしい。

曽我兄弟の仇討ちは、建久四（一一九三）年、兄の十郎祐成《すけなり》と弟の五郎時致《ときむね》が父親の仇である工藤祐経《すけつね》を討った事件だ。兄が五歳、弟が三歳の時、領地争いから祐経が兄弟の父・河津三郎祐泰を暗殺。その後、苦難の中で兄弟は生き抜き、十七年後に祐経を討ち取った。曽我兄弟の父が殺された場所がこの河津三郎の血塚なのである。

旅は思いも寄らないところから歴史の勉強になる。

ここからいよいよ最終目的地、未完成ループ橋へ向かう。と思ったら、突然真上に巨大な「赤」が現れた。まるで映画『インデペンデンス・デイ』のラストシーンだ。

超巨大ＵＦＯだ、真っ赤な。それぐらいのインパクトがある。

僕はさすがに興奮して、草木をかき分け巨大な宇宙船に接近する。

すごい。山の緑に不自然な赤がみごとなコントラスト。だんだんティラノサウルスにも見えてきた。さらに近づくと、崩落した橋の上面が黒いアスファルトであることに気づく。そうか、赤い色は橋げたの色であり、これは道なのだ。まさに未知との遭遇だ。

いや、残念ながら未知ではない。この感動は、この衝撃は、すでにどこかの廃墟マニアが経験したあとである。僕は彼らの足跡をネットの情報を参考にしてたどったにすぎない。その先にあるものを、僕はまだ見つけられていない。

帰りは伊豆高原駅まで徒歩四十分。伊豆急行で熱海駅まで戻り、昼過ぎに東京に着いて、そこから出版社で原稿執筆。すべて書き上げるまであと二話だ。

まるで巨大 UFO、未完成ループ橋

心霊スポットに飽きちゃった？ 自我崩壊、目的のない旅

二〇一八年のゴールデンウィーク。僕はイベントの合間をぬっていそいそと心霊スポットに出かけた。

将門の首塚。八幡《やわた》の藪《やぶ》知らず。馬加康胤《まくわりやすたね》の首塚。ムカデ姫の墓。鬼の手形。樹海。灰野集落。湯の山温泉廃墟群。満池谷《まんちだに》墓地。ポルターガイスト団地。古虎渓ハウス。千歳楼。

しかし、どこか冷めている自分がいた。こんなことを言ってしまうと元も子もないのだが、「この先にいったい何があるのだろう」と思ってしまっていた。

そもそも何のために心霊スポットに行くのか。

一番大きな理由は〝ネタ集め〟のためだ。

事故物件に住みはじめてからオカルト界隈につながりができた僕は、精力的に怪談イベントに出演し、テレビ番組の心霊企画に呼ばれたり、ネット記事のインタビューをたびたび受けるようになった。ありがたい話ではあるが、そうなると事故物件に住んでいるだけでは披露するネタが追いつかない。すでに事故物件にも慣れてしまっているため、もう〝恐い〟と感じる出来事がなかなかないのだ。

アウトプットするためにはインプットが必要である。元来オカルトに造詣が深いわけではなかった僕は、事故物件から飛び出して心霊スポットなどのいわくつきの場所へ行き、みずから現地に足を運ぶことで話すネタを収集する〝体験型スタイル〟をとることにした。もともと事故物件に住んでみた体験エピソードがおもに僕の持ちネタだったので、自分にできる収集法は「体験すること」だと思った。

それからはとにかく時間さえあれば心霊スポットに出かけた。ビデオカメラもデジタルカメラも持っていない機械音痴の僕は、現場の記録を残すために二〇一六年からスマホ一台でライブ動画配信ができるサービス「ツイキャス」（スマホでライブ動画配信できたのはYouTubeよりツイキャスが先だった）を駆使し、一人で行ったり、後輩芸人の華井二等兵に車を運転してもらったりして生配信をくり返した。

ニコニコ生放送のディレクターである木村さんと出会ってからは、ニコ生で生配信することを条件に、関東方面や地方でのほとんどの配信に車を出してもらった。

そんなことを二年も続けていると、訪れたスポットは二百箇所を超え、生配信を観てくれる視聴者もどんどん増えていった。

そもそもネット界隈で「心スポ凸」と呼ばれる心霊スポット探索はどうやら人気コンテンツのようで、有名無名にかかわらずYouTuberがやたらと心霊スポットに行きたがるのは閲覧数が飛躍的に伸びるからである。

観てくれる人がいるのはありがたい。生配信を観てファンになってくれた人や、ツイッターをフォローしてくれた人、イベントに来てくれた人、本を買ってくれた人がたくさんいる。何より「知ってくれている」というのはとても強い。この人たちがいるおかげで僕は活動の場が増え、今もこうして本を書いている。

しかし。いつしか目的が変わってしまっていた。

本来「体験すること」が目的だったはずの心霊スポット探索が、「配信すること」が目的になってしまっていたのだ。

閲覧数が多いのはありがたい。

フォロワー数が増えるのはうれしい。

「いいね」がいっぱいいつくのは気持ちがいい。

ちがう。そこではない。そこも大事だけど、そこだけではダメだ。

「この先にいったい何があるのだろう」

空虚の理由はここにある。このまま視聴者を増やすため、満足させるために配信を続けても、体験がない。感動がない。恐怖がない。何もない。

同じところばっか行って飽きないですか？

心霊スポットの選定は、だいたいがネット情報からである。だから、そこがいわくつきである根拠は、噂レベルでしかないことが多い。実際に現場に行って、ごく稀に説明のつかないことが起きたりするのだが（それが醍醐味ではあるのだが）、基本的には何も起こらないことがほとんどだ。

何か不可思議な現象が起きれば配信は盛り上がる。自分も体験した事実として後に語ることができる。しかし、たいしたことのない自然音や見まちがいを、怪現象として無理やりこじつけて怖いフリするのは僕にはできないと思った。そもそも盛り上がるって何だ？　盛り上げるって何だ？

欲しいのは事実だ。理解不能の事実であり、それによって得られる恐怖である。視聴者の期待に応えることが一番ではない。応えることができないのに無闇に配信をし続ける必要もない。

どうやら僕にはエンターテイメントは向いていない。そもそものはじまりが自分のための心霊スポット探索であるわけだし。もし視聴者と自分の両方を満足させたいのであれば、この探索のドキュメンタリー自体をエンターテイメントにするしかないだろう。

木村さんに関東の有名スポットを案内してもらう際、一度たずねたことがある。

「同じところばっか行って飽きないですか？」

木村さんはニコ生の配信でいろんな人を心霊スポットに連れていく機会が多いため、何度も同じ場所へ行く。

「まあ連れていく人によって反応がちがったり、起きる現象も変わったりするので、飽きるとかはないですね」

僕は正直、その言葉を信じてはいない。なぜなら木村さんの本業は、ドキュメンタリー作品を撮る映画監督であるからだ。本当は木村さんも、誰も体験していない、くらべるものがない場所での配信をやりたいと思っているのではないだろうか。その方がドキュメンタリーとして独自性と発見が多いはずだから。

僕はすでに誰かが行ってネタにしている場所だと極端に興味が失せる。それは、自分だけの体験にならないからだ。特に有名な場所だと、どうしても誰かの体験ありきで、「自分の場合は……」になってしまう。そもそも誰かが行っているから心霊スポットとして情報があるわけなので、自分が開拓していくというのは無理な話ではあるのだけど、なるべくなら、ほぼ誰も行っていない場所に行きたいと思っている。そうすれば、そこで起こった出来事が、そのまま自分だけの事実になるのだから。

ネタにならない心霊スポット

というわけで、ネタにできない場所に行くのが虚しい、ということにようやく気づいた。ゴールデンウィークに訪れたスポットは、そんな場所が多かったのだ。

日本三大怨霊の一人・平将門は平安時代に関東を制圧し、「新皇」を名乗って朝廷にはむかい、平貞盛と藤原秀郷の連合軍に討たれ、平安京でさらし首にされる。しかし将門の生首は腐りもせずに目を見開き「胴体と首をつないでもう一戦しよう！」と叫び、三日後に胴体を求めて東の空へ向かって舞い上がり、数箇所

将門の首塚と人形の首

に落ちたといわれる。そのもっとも有名な場所がこの東京の大手町「将門の首塚」である。あまりに有名すぎる上に、一度訪れているので特に感動はなし。

満池谷墓地（兵庫）には、「手振り地蔵」「まりちゃん像」「節子の像」と呼ばれるおかっぱの女の子の像がある。この女の子は『火垂るの墓』の節子がモデルじゃないかと言われてたりするのだけど、ここも訪れるのは二回目で、配信が目的だったので特に思い入れはなし。

八幡の藪知らず（千葉）は、足を踏み入れると神隠しに遭うといわれる立入禁止の地で、一度行ってみたいと思っていたので実際に確かめられてよかったとは思うけど、中には入れないし、関東では有名なので特にネタにはならない。

ポルターガイスト団地（岐阜）は、二〇〇〇年に団地全体で幽霊騒動があって週刊誌やニュースにも取り上げられた有名な場所なのだが、現在も人がたくさん住んでいて、平穏に暮らしているようなので特には触れず。

湯の山温泉廃墟群（三重）、古虎渓ハウス（岐

樹海を案内してくれた村田らむさんと樹海マニアのＫさん

阜）、千歳楼（愛知）は、それぞれ心霊スポットとして有名な廃墟であるが、廃墟はそもそも不法侵入になるので中には入れない。

灰野集落（愛知）は、廃屋までたどり着けず断念。

樹海（山梨）は面白いけど、そもそも樹海を何十回と取材しているライターの村田らむさんに連れていってもらってるので、やはり樹海の話は僕よりもらむさんが発信するほうが面白い。まあそこで死体を見た事実は僕にとって有意義なことではあったけれど。

馬加康胤の首塚（千葉）は、まあまあ面白かった。マイナーであることもよかった。住宅地にある「堂の山」と呼ばれる森の中の墓地に「←首塚」と書かれた看板がある。その先のこんもりとした塚の階段を登るとある五輪塔が、室町時代の武将・馬加康胤の首塚だ。この年の誕生日の夜を僕は首塚の前で過ごした。しかし残念ながら誰かに話すほどのネタにはならない。

偶発的な歴史のしりとり

唯一、岩手のムカデ姫の墓と鬼の手形は、有意義な探索だったかもしれない。

盛岡のショッピングセンターで営業（芸人三組によるネタステージ）したあと、一人残って観光しようと「盛岡　観光」で検索したら、「じゃらん観光ガイド」の百二十四番目に出てきたのが「ムカデ姫の墓」だった。

盛岡駅から徒歩約三十分。「源秀院殿墓所（ムカデ姫の墓）Grave of Princess Centipede」と書かれた大きな看板が道路標識のように現れる。その手前にあった「鬼の手形 DEMONS' HAND PRINTS IN THE ROCKS」の看板も気になったが後回しにして、源秀院殿墓所を目指す。墓所はそれ以外に特に何もない空き地で、中央奥の台座に大きな五輪塔が建っていた。どうやらこれがムカデ姫の墓だ。手前の説明書にはこんなことが書かれている。

南部利直の正室・於武の方が亡くなった時、遺体の下にムカデのような模様が現れた。於武の方の先祖は、近江で巨大ムカデを退治した俵藤太（藤原秀郷）で、嫁入りの際に退治に使った矢の根を持ってきた。ムカデの祟りを恐れた利直は、水が苦手なムカデを除けるため墓の周りに堀をつくらせたが、堀の橋を何度かけ替えてもムカデが破壊。墓からは大小のムカデが這い出し、於武の方の髪も片目の蛇に変化したという。これらはムカデの怨霊のせいと噂され、於武の方を「ムカデ姫」、墓地を「ムカデ姫の墓」と呼ぶようになった。

なんなんだこの話は。ムカデの祟り、聞いたことがない。しかもムカデ姫の先祖で大ムカデをやっつけた俵藤太は、平将門を討った藤原秀郷と同一人物である。まさかこんなところで将門ともつながるなんて。

僕はデーモンズ・ハンド・プリント、「鬼の手形」も気になった。看板に英訳が書かれていたのは外国人の観光客向けだろうか。ムカデ姫の墓から徒歩三分の場所にある、三ツ石神社に寄る。

昔、岩手山が噴火した時、東顕寺の裏に三つの大きな石が落ちてきた。それらは神様が宿っていると崇められ、「三ツ石様」と呼ばれていた。その頃、「羅刹鬼」という鬼が近隣の村で住人や旅人などに悪事を働き、困りはてた人々が三ツ石様にお願いしたところ、神様はその大石に羅刹鬼を縛りつけ、「二度と悪さをしない、この地に二度と戻ってこない」証として、石に鬼の手形を残させた。この伝説が岩手の地名の由来になったという。そしてその石が、この三ツ石神社に現在も残っているという。

僕が訪れたのは夜だったし、どこに手形がついているのかはよくわからなかったが、三つの大きな石は確かに境内にあった。

また、この盛岡周辺は昔は「不来方《こずかた》」という地名だったらしく、鬼が三ツ石の神様と二度とこの地に足を踏み入れないと約束したことが由来であるそうだ。そういえば二〇一七年の春のセンバツ高校野球で、二十一世紀枠に岩手県代表として不来方高校が選ばれていたな。どう読むんだろうと思っていたけれど、そうか、盛岡の昔の地名から学校名がついたんだな。

ということはまだ不来方と呼ばれている場所は今でもあるんだろうな。
さらに、鬼の退散を喜んだ人々は神様に感謝し、笹の笠をかぶって三ツ石の周りをさんささんさと踊り回ったのが「盛岡さんさ踊り」のはじまりだという。八月の初めに行われる盛岡さんさ踊りは、世界一の和太鼓数でギネスブックにも認定されているそうだ。

さらにさらに、不来方の地を逃げ出した羅刹鬼は京の都にたどり着き、羅生門を住処にして再び悪さをくり返し、最後は一条戻橋の上で、あの酒呑童子を倒した源頼光につかえた頼光四天王の筆頭・渡辺綱に腕を切り落とされたという。そうか、一条戻橋で渡辺綱に腕を切られた鬼は、岩手のルーツとなった鬼だったのか。

このタイミングで岩手の歴史を凝縮して知ることになるとは思わなかった。そして藤原秀郷から渡辺綱までつながって、酒呑童子にも興味が続く。
これは、発見である。僕だけが体験した偶発的な歴史のしりとり。
幽霊はいっさい出てこない。恐怖もない。しかし、僕にとっての「体験すること」は、まさにこういうことなのかもしれない。

いや、やっぱりちがう気がする。

これらの知識は調べたらわかること。調べるきっかけとたまたま出会っただけにすぎない。

やはり僕にとっての「体験すること」はそういうことではない。

鬼を縛り付けて手形を残させた石

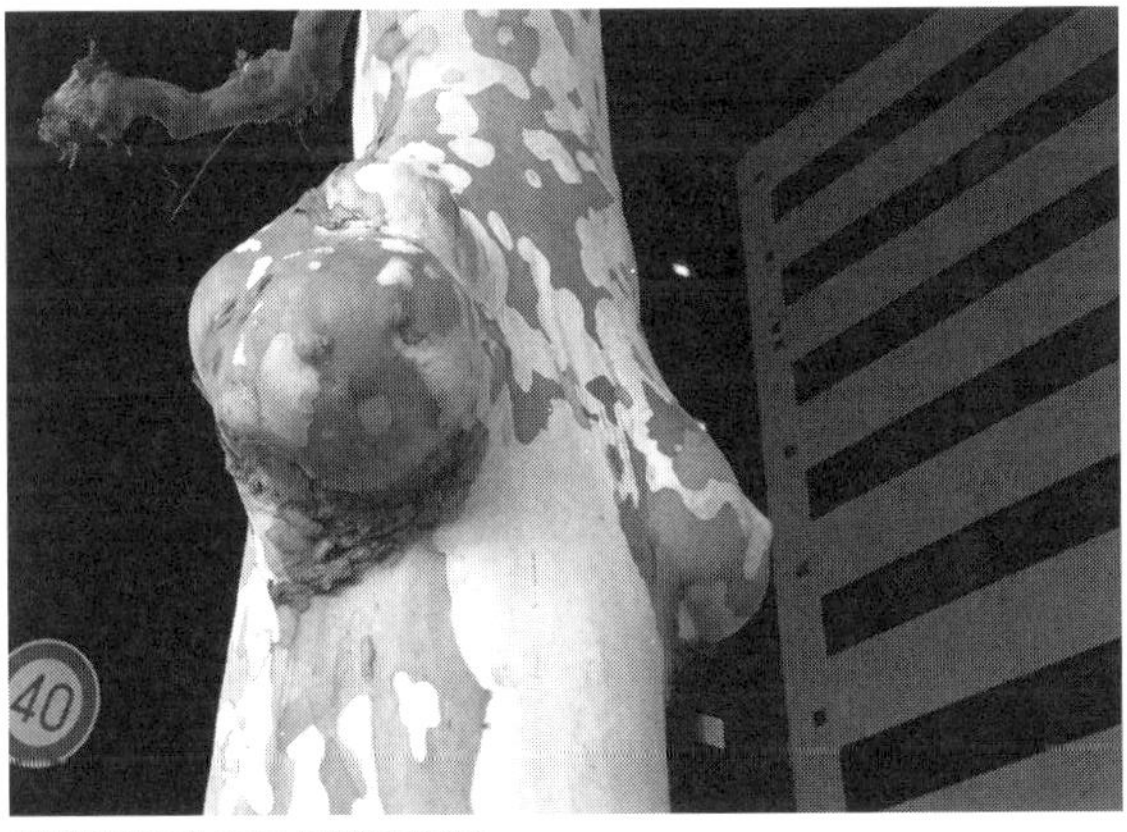

盛岡駅周辺に生えていた卑猥な形の木

精霊、通り魔、生首女……恐怖が渋滞する異国の地・タイ

　タイに詳しいKさんに誘われて、ライターの村田らむさん、ニコニコ生放送ディレクター木村さんと四人でタイに行く計画を立てる。出発は三ヶ月後の九月。早めに飛行機のチケットを買うと往復で二万四千円。ずいぶん安くなるのだ。

　結局らむさんたちが先にタイに行き、僕は一日遅れで合流するスケジュールとなった。

　二〇一八年九月十一日、名古屋のラジオ出演後に大阪へ戻って関西国際空港から搭乗する予定だったエアアジア・ドンムアン空港行きが、台風の影響で前日に欠航が通達される。変更できるはずの便もすべて欠航。

　急きょチケットを新規購入せざるをえなくなり、唯一見つかったのが翌日の昼に成田空港

発のノックスクート・ドンムアン空港行きだ。片道四万円……。

なんとか無事に出版することができた書籍『事故物件怪談　恐い間取り』の印税はまだ僕にはふり込まれておらず、先日、東京に新しい事故物件を借りたのもあり、このチケットを買った時点で貯金はほぼゼロとなる。しかたがない。

名古屋から大阪の事故物件に戻ってパスポートを取り、そのまま夜行バスで新宿に行って昼前に成田空港へ。飛行機に乗るまでの時間、移動しかしていない。

行きたかった死体博物館

一人で国際便に乗るのは初めてだ。

台湾に行った時は五つ年上の後輩・華井二等兵がわからないことを全部教えてくれた。しかし今回は頼れる人がいない。ドンムアン行き、めちゃくちゃ並んでるが大丈夫だろうか。え、出入国カードって何？

なんやかんやでなんとか搭乗。なんとかなるものだ。

途中、何度も乱気流に巻き込まれる。一番前に座っていたため、黄色い制服のＣＡさんがそのたびに真剣な顔で慌ただしく動き回るので、最悪死ぬこともあるかもなーと思いながらまったく眠れず。

夜八時、タイ・ドンムアン空港到着。

さぞかし九月のタイは暑いだろうなと思っていたら、空港内が冷蔵庫くらい寒い。空調のバランスがおかしすぎる。寒いから外に出たら暑い。何回もエントランスを出たり入ったりしているうちに、らむさんたちと合流。

らむさんと木村さんは、欠航のせいで僕が行けなかったシリラート死体博物館と地獄寺に行っていた。シリラート死体博物館はバンコクのシリラート病院にある法医学博物館で、ホルマリン漬けの赤ちゃんや凶悪犯罪者のミイラ、銃で撃たれた頭蓋骨などが展示されている。僕がタイに来たかった理由の一つが、ここで死体を見ることだった。行きたかった。

地獄寺はタイ全土に七十箇所以上あるといわれ、そこではカラフルなコンクリート像を用いたグロテスクな地獄の世界が表現されている。中でもワットセーンスックという地獄寺には体長一〇メートルはある、長い舌を出した妖怪「ピープレート」の像がある。

「ピー」は神々、精霊、妖怪、幽霊たちの総称で、「プレート」は仏教でいうところの餓鬼にあたる。ピープレートは首と腕と足が異常に長くて、口が針の穴ほど小さくて、汚ない物を食べる化物だ。親に嘘をつき、寺院で悪事を働いた罰として舌を伸ばされ、そのために口が小さくなって満足に物が食べられず、常にお腹をすかしているそうだ。これも見にいけなくて残念。

僕がタイに滞在できる時間はわずかしかない。

明後日の早朝には飛行機に乗り込まないと次の仕事に間に合わない。日本円をタイの通貨・バーツに換金し、さっそく移動する。

狂犬病が恐ろしい

タイのタクシーはぼったくりが多いと聞く。Kさんによると、黄色とピンクのタクシーが比較的安全らしい。それでも日本人とわかればぼったくる運転手もいるようだ。乗車したらなんとしても料金メーターをスタートさせないと、平気で相場とは全然ちがう言い値でふっかけてくるとのこと。だとしてもタイの物価は日本よりだいぶ安い。

一バーツは約三・五円。コンビニのペットボトルの水が約八バーツ（二十八円）、ペットボトルのコーラが約一七バーツ（六十円）で、だいたい日本の半分から三分の一の値段だ。ぼったくられて三倍の値段を言われても「そんなもんなのかな」と思ってしまいそうだ。

要はだまされて腹立つか腹立たないかの問題である。

タクシーでバンコクの隣県のノンタブリーにあるワットケーマーピラターラームという寺院の近くまで行って、食堂でカオマンガイを食べる。四〇バーツ。安い。

食事のあと、セブンイレブンに寄る。タイにはセブンイレブンがたくさんある。セブンイレブンはすごい。だがそれよりも入口のドアの前に犬が寝そべっているのが衝撃だった。タイにはとにかく野良犬が多い。そして図々しい。歩道に寝そべり、歩道橋に寝そべり、セブンイレブンの入口に寝そべり、人間が近寄っても動こうとしない。

「あ、タイで犬に噛まれたら狂犬病になる可能性あるから気をつけて」

Kさんが忠告する。

予防接種が義務化され、野良犬も少ない日本では狂犬病は五十年以上発生していないが、タイには狂犬病ウイルスに感染している野良犬がたくさんいる。発症したら九九％死ぬと言われる。最近でも年に数人死んでいる。恐ろしい。

一旦、Kさんが泊まっているゲストハウスに行き、作戦会議。タイに移住して十年以上経つKさんの知人に少し話を聞く。タイの人々は心霊好きが多いようで、深夜に怪談をえんえんと話し続ける番組もあるらしい。タイで有名な心霊スポット数箇所を聞き、タイ在住ルポライターの高田胤臣《たねおみ》さんから得た情報も参考に、再び出発。

頭と内臓しかない女の妖怪

まず、ゲストハウスの近くにあるお寺に寄る。ワットケーマーピラターラームラーチャウォラウィハーンが正式名称みたいだ。建物はタイ特有のカラフルなデザインで、特にライトアップされた真っ白なウエディングケーキのような仏舎利塔は幻想的で、いつかの夜に見た大阪の富田林にあるＰＬの塔を思い出した。

寺の周りには祠《ほこら》があった。日本の祠はひっそりとお地蔵さんがたたずんでいたり、比較的ハデめだとしてもお稲荷さんの社が赤一色に塗られているくらいだろう。

タイはちがう。電飾つきだ。

ただでさえ金や銀の配色が多いのに、ピカピカと激しく色を変化させる電飾がうるさい。こんな祠がタイの路地にはあちこち存在する。

この祠は「ピー」を祀っているそうだ。ピーは精霊や妖怪や幽霊、あるいは目に見えない力だったり、神の概念だったり、森羅万象実在するすべてのものに宿る気のようなものだったりを指す。ピーの信仰はタイの土着的な精霊信仰で、現在ではタイ仏教とも融合し、日本でいうところの「神仏習合」みたいな感じになっている。

ただ、ピーには良いピーもいれば、悪いピーもいる。

良いピーは幸運をもたらす精霊や神様で、悪いピーは人々を不幸に招く妖怪や悪魔のようなイメージだろうか。しかし悪いピーもタイでは敬わなければならない。畏れるが故に崇めるのは、日本の祟り神に近いかも。

悪いピーの中で特に有名なのが「ピーガスー」で、頭と内臓しかない女の妖怪だ。昼間は普通の女性だが、夜は体から頭部と内臓だけを外して空へ飛んでいく。そして街をさまよい、汚物や鶏の内臓を好んで食べる。外に干した洗濯物に汚物がついていれば、それはピーガスーが口をふいたあとなので、タイの人は夜に洗濯物を干さないように気をつけるという。日本の妖怪「ろくろ首」や、中国の妖怪「飛頭蛮」に近いものがある。

映画『ゴースト・オブ・バレンタイン』（二〇〇六年）では人気女優がピーガスーの役を演じている。タイではバケモノの役を演じることが名誉なことであるらしい。

こういったタイ特有の土壌が、心霊好きを多く生んでいるのかもしれない。

コンビニの前で堂々と寝る犬

生首が吊り下げられた自殺の名所

次に向かったのはラマ八世橋。ラマ八世とは先々代の国王で、二〇一六年に亡くなったプミポン前国王のお兄さんのこと。前国王が兄である前々国王の誕生日に、チャオプラヤー川にかかる大きな橋をラマ八世橋と命名した。

ちなみにタイには「不敬罪」という刑罰があるため、王室のことに触れるのは注意が必要だ。タイの不敬罪は国王や王妃、王位継承者、摂政を侮辱すると三年から十五年の禁錮刑に処される。二〇二一年一月にも、元国家公務員の六十代の女性が、王室を批判する音声をネットに投稿した罪で禁錮四十三年六ヶ月の判決を言い渡された。この法律は外国人にも適用されるので、タイ王室批判をＳＮＳに上げてしまったら、突然罪に問われるなんてこともありえなくはない。怖い。

このラマ八世橋、何が心霊スポットなのかというと、自殺の名所なのである。

約半年前、十八歳のタイ人女性が、ラマ八世橋から飛び降り自殺する一部始終の動画を、自身のフェイスブックでライブ配信した。女性は深夜にオートバイタクシーでラマ八世橋へ向かい、自分のスマホをドライバーに渡して撮影を依頼する。そしてそのままライブ配信中に欄干をまたいで橋から飛び降りた。動機は失恋が原因ではないかとのこと。ドライバーの心中たるや……。

また、二〇〇九年には橋から白人の生首がぶら下がっていたという事件もあったそうだ。タイ警察は身元を割り出すために、この生首写真を一般公開して情報を募ったという。翌日、橋近くの川面に男性の首なし死体が発見される。遺体の身元はイタリア人男性で、首吊り自殺したあとで首が切れた可能性が高いと判断。首の切断面がギザギザだったため、刃物を使ったとは考えられないという。さらに二日後、亡くなったのはバンコク都内のレストランの物置部屋に約二週間居候していた五十三歳の男性であることが判明。彼は店主に立ち退くよう求められ、生首が発見される前日に店から姿を消した。金に困っていた上、体調が悪かったという。

どちらも死に方は衝撃的なんだけど、なんだろう。不思議ではないというか、現実的というか。これでは都市伝説にはならないんだろうなと僕には思えてしまう。

深夜一時、小雨の降る中、現場に到着。僕の地元・舞子の明石海峡大橋を小さくしたような印象だ。歩いて橋の中央部まで行く。

「そうか、ここから少女は飛び降りたのか」

「この下に生首が吊るされた状態だったんだなぁ」

感想としてはそんなもんだった。実際、日本にある飛び降りが多い橋に行っても同じような感想である。きっと、異国の地だからこそ期待値が高かったのだろう。

もっとわからないもの、理解に苦しむ違和感を体験したい。

タイと日本の恐怖の構造の差

次に、タンクローリー爆発現場へ行く。

一九九〇年、タイ最大の衣料品市場であるプラトゥーナム市場近くのペッブリー通りで、高速道路から降りてきたタンクローリーが左折に失敗して横転。爆発炎上し、八十人もの死者を出す大事故が起きた。しかも現場の前には女子寮があり、火災に巻きこまれて多くの女子学生も命を落とした。その女子学生たちの霊が今でも現場に現れるという。

なんだろう。凄惨な事故があったのはわかるが、自分には遠く感じられる。三十年近く前の話で、しかもタイ。そのニュースを子供の頃に日本で見て、記憶に残っていたらまだ感情移入できるのかもしれない。今では痕跡はほとんど見つけられないし、どう思えばいいのかわからないのが正直なところだ。

きっと、タイの人々にとっては今でも記憶に残る衝撃的なニュースの現場なのだろう。日本でいうところの千日デパート火災現場のような感じかもしれない。

そう考えると、タイ人の思う心霊スポットというのは、日本のそれとよく似ているのかもしれない。日本でも事故現場や殺人事件の現場が心霊スポット化することがよくある。タイも同じなのだ。

僕は勝手に、タイは異国だから日本の常識や価値観とは全然異なる発見があるのだろうと思い込んでいた。でも本当の発見は、タイも日本も恐怖の構造は基本的にはあまり変わらないということだった。高田胤臣さんは言う。

「タイの心霊スポットはかなり現実的な場所である。殺人事件が起きた場所であったり、交通事故が多発する場所など、多くが何か〝要因〟を持っている」

ただ、興味深いのはここだ。

「日本のように霊道だからという理由で、心霊スポットになっている場所はほとんどない」

ここに差があるのは面白い。

人がいる恐怖

中国人墓地「ワットドーン」にも行った。高田胤臣さんがオススメする場所だ。

チャオプラヤー川に近いサートーン通りとジャン通りの近くにあるワットドーンは、心霊現象がいい感じに具体的である。

この墓地に迷い込むと、一人で入ったはずなのに出る時には二人になっているという。いいぞ、やっと怪談らしいエピソードだ。

そもそもタイ人は火葬したあとの骨は寺に預けたままにするのが一般的らしい。この寺がある地域は、昔から中国人などの当時のマイノリティーが住んでいた場所で、墓を作るのは彼らだけだったため、今でも中国人墓が残っているそうだ。

正直、ここが一番怖かった。

何が怖いって、街灯も少なく、人通りも少ないのだけど、人がいる、ってことだ。薄気味悪い暗さの中で、ゴミが散乱している。人が生活をしている。おそらく、治安は良くないだろう。

そして一番血の気が引いたのが、散乱したゴミに混じって、人間がいたことだ。おそらく十歳くらいの女の子。ピンクのマイメロディの布団にくるまって、歩道を侵食するゴミと一緒に横たわっていた。

「生きてますかね……」

少女を見ながら、らむさんと顔を合わせる。

「どうかしましたか？」

木村さんがニコ生の配信をしながら近づいてきたので、

「あ、これ映しちゃダメです」

と言って遠ざけた。

もしかしたらただ寝ているだけかもしれない。でもなぜあんなところで寝てるのか。あのピンクの布団にくるまれた黒い顔は、しばらく脳裏から離れなかった。

中国人墓地は結局見つからなかった。そもそもワットドーンは夜九時くらいまでは運動公園として運営しているそうなので、深夜は中には入れない可能性もある。せっかくだがあきらめる。

幽霊ホテルとナイフの女

午前二時、らむさんたちが泊まるナナホテルに向かう。ここはタイでは超有名な幽霊ホテルらしく、バンコク有数の歓楽街・ナナプラザの中にある。ホテル内で殺人事件や自殺が多く、特に五階でよく人が死んでいるそうで、とにかくホテルで亡くなった人たちの霊がよく出現するらしい。売春婦が霊に取り憑かれてしまうなんて話もある。

タクシーを降りると、深夜にもかかわらずナナプラザは人であふれ返っていた。さすが「世界一の大人の歓楽街」を自称するだけある。

「ギャ――――」

「ノォ――――」

「ワァ――――」

突然、群衆が叫び出す。何が起きたんだろうと、ニコ生配信用のカメラをその時持っていたらむさんが声のする方にレンズを向ける。

そこには何かをビュンビュンふり回す女性と、走り出す白人男性がいた。

あれだけ密集して人間で埋め尽くされていた歩道に空間が生まれる。一瞬、何かのパフォーマンスなのかなと思った。フラッシュモブ的な。しかし瞬時に事態を把握した。

「ギャー！」

そう叫びながら女がふり回しているのはナイフだ。

「ＮＯ！」

叫びながら白人男性が必死で逃げている。

「ワー！」

叫びながら群衆がその場から離れる。

女は白人男性を追いかけていき、三〇メートルほど向こうで「オオゥ！」という声とともに男が倒れる。カメラを向けるらむさん。その直後、すごいスピードで女がこっちに向かって走ってきた。手にはまだナイフが握られている。

「らむさん！　逃げましょう！」

らむさんはルポライター魂を発揮し、ギリギリまでカメラを向けている。

しかし僕らは通り魔に遭うためにタイに来たわけではない。逃げなきゃ！

人混みと車の群れに無理やりまぎれ込み、できるだけその場から離れることを考えた。うしろをふり向く余裕はない。生きた心地がしなかった。

興奮が冷めないまま、ナナホテル到着。

ここが幽霊の出るホテルであることなんかすっかり忘れてしまっている。ただ安全な場所に来ることができた安堵感しかない。あの狂った女はなんだったのか。

「あれ、たぶんニューハーフですね」

「クスリやってるのかもですね」

部屋に入ってらむさんと木村さんが分析する。多少ホテル内も探索したが、謎の手形がついた壁や、女の霊が出る廊下など、ほとんど興味が湧かなかった。

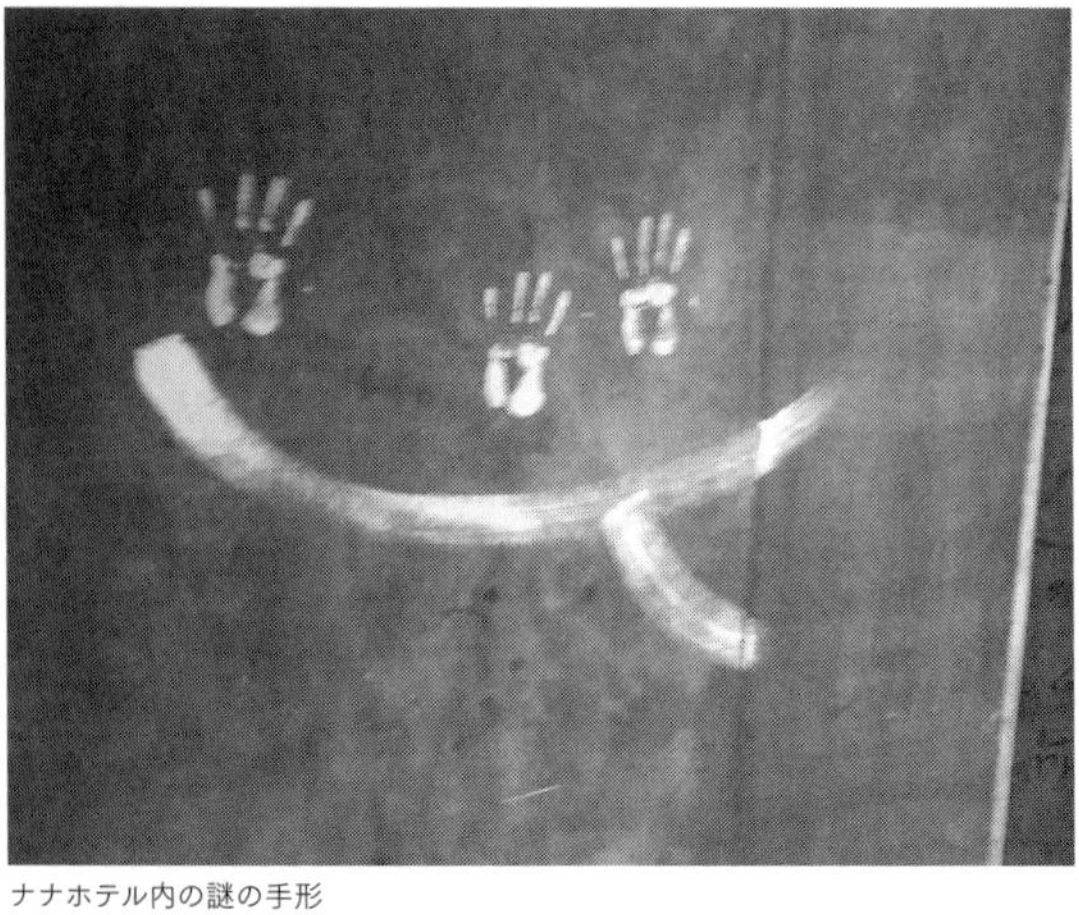

ナナホテル内の謎の手形

誰かが死んだ場所にシマウマを置く

タイ二日目の朝、ナナホテルからノンタブリーのKさんのいるゲストハウスまで戻る。らむさんと木村さんはそのまま日本に帰るので、ここでお別れである。

二日目はせっかくなのでKさんにベタなタイ観光地を案内してもらう。

朝ごはんはゲストハウス近くの屋台でパシユ（炒めた平打ち米粉麺）を食べる。全然おいしくなかった。

タイのバスは必死で停めないと止まってくれないので焦る。乗った瞬間に急発進するので焦る。乗ったらすぐに運賃回収係のおばちゃんに七バーツ払う。運転手の横には麦茶を入れるタンクのようなウォータージャグが置かれている。水分補給が大事なんだろうか。ビックリするほど運転は荒かった。ノンタブリー市場で降りる。

市場では野菜や果物、魚、肉、臓物などがむき出しで売られている。おっちゃんが何かの腸を素手でモミモミして何かを確かめていたのが気持ち悪かった。

市場の裏側にシマウマの置物が大量に置かれているスペースがあった。売り物かどうかすらもわからない。実はシマウマの置物はタイのあちこちにあって、心霊スポットや事故現場などに特に多いらしい。高田胤臣さんによると、タイには死者が出た場所にシマウマを置く習慣があるとのこと。なぜなのかはまだよくわかっていない。

市場を抜け、チャオプラヤー川を船で渡る。運賃は二〇バーツだ。茶色い川の水しぶきをバシャバシャ浴びながら下流のヤワラートへ到着。このあたりで尿意をもよおしたのでトイレに行こうとすると、まさかの有料。タイの観光地はトイレに行くのにお金が必要なのだ。

ここまで来た目的はバンコクを代表する老舗ショッピングモール・マーブンクロンセンターである。三〇〇バーツでぼったくろうとするトゥクトゥクをふり切り、一五〇バーツのトゥクトゥクに乗って向かう。それでも高いようだが。

なぜか死んだ場所に置かれるシマウマの置物

MBKことマーブンクロンセンターはとにかくデカい。地上八階建てのビルに広がる売り場面積が東京ドーム二個分だそうである。その中に二千五百もの店がぎっしりと並び、必要とされるすべてのジャンルの品が揃っている。さらには過去に七階から一階までの吹き抜け部分に人が転落した事故も起きており、事故物件でもあるというおまけつきだ。

買い物も楽しんだあとは（ほとんど何も買ってないが）、Ｋさんともお別れである。ここからは韓国のアイドルグループではない方のＢＴＳ（バンコクスカイトレイン）に乗って、一人で行動する。目的地は昨夜たどり着けなかったワットドーン、中国人墓地だ。

地獄の門番にはばまれる

午後八時。再びここへやってきた。今度は一人だ。正直怖い。

しかし「こわーい」なんて口に出してはいけない。

なぜなら「コワーイ」はタイ語で男性のオチンチンを意味するからだ。ちなみに「怖い」のタイ語は「クルワー」である。

そんなことを考えている余裕もなく、一人は実際、非常に心細い。

これから進むところはスラム街のような路地だ。治安はたぶん悪いだろう。トラブルに巻き込まれる可能性は高い。

なぜもう一度この場所へ来たかというと、まだ僕はタイに来て自分一人の力で何かを成し遂げていないからだ。

僕にできることで、僕にしかできないこと。

それは一人で墓地に入り、幽霊を連れて帰ること。それを試みることだ。

もちろん連れて帰れるとは思ってない。異国の地で、一人で、幽霊がついてくるといわれる墓地に入った事実が必要なのだ。

それが自分がやることにもっとも意味がある検証で、自分にしかできない体験だ。怪奇現象は、あわよくば起きてくれたらいい。

ただ、やはり怖い。たどり着くまでが怖い。雨も降ってきた。カッパを買って装着する。ますますはたから見たら怪しい。怪しまれてしまうと、よけいに危険だ。

ひと気のない路地に漂う人の気配。言葉が通じない。逃げ出せば怪しまれて追いかけられるだろう。誤解を解く術もない。誰も助けてくれない。

ここでは悪意も善意もともに敵だ。人間に出会ってはいけないのだ。

昨夜歩いた道のりはまったく覚えてない。

道端で眠る（？）少女がいた場所もわからない。彼女はどうしているんだろう。

いや、それよりも九時までに墓地の中に入らないといけない。ここまで来てまた入れないなんてことになったら、よけいに悔やまれる。もう二度と来ることはないだろう。だから、なんとしてでも墓地に行かなくては。

グーグルマップをたよりに歩く。おそらく近くまでは来ているはずだ。しかしマップの航空写真に墓らしきものは見あたらない。いや、おそらくここで合っている。この塀の向こうが中国人墓地だ。

入口はどこだ？　あれか、あそこか！

〝ワン、ワンワンワン！〟

ここへ来て立ちはだかるのが、まさかの犬だった。ちょうど墓地の入口から動かない。そして、吠えに吠えている。近づくと、噛まれる可能性は非常に高い。噛まれると、狂犬病。

野犬よ……通してはくれぬのか。

〝ワン、ウゥ……ワンワン！〟

ダメだ。こいつは地獄の門番、ケルベロスだ。

ここまで来て、あきらめるしかないのか。とりあえず入口の門を離れ、他に墓地への侵入口がないか探す。少し歩くと、金の仏像のかけらや、派手な祠の残骸が現れた。他にも祭壇や、カラフルな仏具が棄てられている。なんだろうこれは？

残骸は茂みの奥へと続いている。その方向は、中国人墓地だ。しかし雨の影響で地面はぬかるんでおり、これ以上、先へ進むのは難しい。そして僕は直感で、これ以上行くと死ぬような気がした。

「この先は行ってはいけない」

説明しようがないのだが、そう思ってしまったのだ。これは人間の本能なのかもしれない。グーグルマップで改めて場所を確認すると、「墓地」と表示された場所に見えるのは、バラック小屋のような建物の屋根だった。

墓地に人間の気配がする。

もうこの場所は墓地でもなんでもないのかもしれない。あるいは僕が来たところは中国人墓地ではなく、全然ちがう場所なのか。今となってはもう確認する術がないのだが、僕はここでリタイアした。

中国人墓地には行けなかった。タクシーに乗り、Kさんのゲストハウスまで戻る。

あまりに時間がかかったので、おそらく遠回りされてぼったくられたんだろうけど、一人でタクシー運転手と交渉し、なんとか目的地にたどり着けたのは大きな成長だった。

ゲストハウスで少し休み、夜中に出て再びタクシーに乗ってドンムアン空港へ行く。午前三時に空港着。午前五時出発の飛行機に無事に搭乗し、機内でひと眠りしていたら、もう成田に着いていた。と思ったら、まだ飛行機が動いていなかった。

どうやら整備不良のため三時間遅延しているらしい。これにより、僕は東京での仕事に間に合わなくなってしまった。

思い通りにいかない国、それがタイ。
だけどたくさんのことが学べた気がする。
僕には世界を知ることはできない。そして知る必要がない。
それがわかった旅だった。コップンカー。

入口の門の前に犬。近づくとものすごい吠える

チャオプラヤー川、水しぶきがだいぶかかる

宮崎で七百体の石像と戯れ、神話の世界を大冒険

秋の学園祭シーズン。二〇一八年十一月四日、宮崎県延岡市にある九州保健福祉大学の学園祭に出演した。ステージを終えたあと、実行委員会の学生に心霊スポットの情報を教えてもらった。このあと宮崎に残って探索するためだ。

「お墓とお墓の通り道に私の母校の野球グランドがあるんですけど、ケガをする部員のほとんどが三塁ベース付近なんです。なんでも三塁に盗塁すると地面から手が出てきて足をつかまれるとか」

リアル・マドハンドだ。面白いけどさすがに学校には入れないか。

「高千穂峡の高千穂大橋は飛び降りが多いです」

「東洋一のアーチ橋・青雲橋も有名ですね」

「日本一高い吊り橋・綾の照葉大吊橋も名所と言われてますよ」（二〇〇六年に大分県の九重〝夢〟大吊橋に抜かれてる）

高い橋が多いな、宮崎。車がないので橋まで行くのは現実的に厳しそう。

「日向市にある仏舎利塔に行ったことがあるんですけど、見にいった帰り、シートベルトをしてるのに助手席から警告音がピーピー鳴り止まないっていうのがありました」

地味だ。これは地味だ。

「日向市の方なら近くなので送っていきますよ」

学園祭をアテンドしてくれたイベント会社の人からまさかの助け舟。結局お言葉に甘えて日向の仏舎利塔へ行くことにした。

ごちゃ混ぜになる心霊スポットの噂

日向市駅から車で約十分ほどのところに日向仏舎利塔はある。

ここは過去に強盗が押し入り一家を惨殺した事件が起きた廃墟があった場所と噂されている。また、夜中に仏舎利塔に行き、帰りにバイク事故で亡くなった人もいるとのこと。さらに塔の周りを女の霊が徘徊しているという話もある。そしてそれらは日向市の仏舎利塔ではなく、宮崎市青島にある仏舎利塔の噂で、その事実に気づいたのはこれを書いている今だった。こわ！

　心霊スポットの噂がごちゃ混ぜになることはよくある。たとえば福岡の旧犬鳴トンネルと大阪の犬鳴山トンネルだ。犬鳴山トンネルを検索すると、ブロック塀で入口がふさがれている画像がよく使われているが、それは旧犬鳴トンネルである。〝名前が似ている〟〝場所が近い〟〝そもそもいわくが曖昧〟などは勘ちがいが横行しやすい。

　日向仏舎利塔は櫛ノ山山頂にある。仏舎利塔とはインドのストゥーパを原流とする仏教建築物で、日向仏舎利塔にはインドの初代首相のネールより送られた仏舎利（お釈迦様の骨）の一部が祀られている、と説明板には書かれている。

　せっかく来たので塔の正面に鎮座する釈迦像を近くで見たかったのだが、階段の途中に「土足厳禁」の貼り紙が。そこから上も変わらず野ざらしのため、靴を

日向仏舎利塔

脱いで進むには躊躇《ちゅうちょ》する。

みんなどうやってお参りしているのだろうと不思議に思っていたら、地元の人がやってきて、土足厳禁の場所から上履きのような靴にはき替えてお参りをしていた。

なるほど、その手があったか。

持田古墳群で迷子になる

このあと日向市駅まで送ってもらい、ＪＲ日豊本線で宮崎駅まで南下。宮崎名物チキン南蛮を食べてつかの間満喫したあと、お土産にチーズ饅頭を買って再びＪＲ日豊本線に乗って北上し、高鍋駅で降りる。宮崎でタクシーに乗った際、運転手さんに「宮崎以外で栄えてる街ってどこですか？」と聞いてみたところ「高鍋」と答えたので高鍋に来てみた。

南国宮崎とはいえ、十一月はまあまあ寒い。野宿だけはさすがに避けたい。

高鍋には飲み屋街があって、自衛隊の基地が近くて、スナックが多いとのこと。元自衛隊芸人の雷ジャクソン高本も言っていたが、自衛隊はとにかくスナックが好きらしい。だから自衛隊基地の近くにはスナック街が栄えるみたいだ。

しかし高鍋駅に着いたのは夜の二十三時三十分。

さすがに開いてる店はなさそうだった。あきらめる。

高鍋には謎の仏像群「高鍋大師」がある。仏像の数は七百体以上。本当の目的地はそこだ。詳しくはわからないが、心霊スポットでもあるらしい。

駅から真っ暗闇を歩くこと一時間、「坂本坂」と書かれた看板が現れる。上から読んでも坂本坂、下から読んでも坂本坂だなぁ、なんて考えながらこの坂本坂を過ぎると、今度は巨大な古墳群が現れる。

持田古墳群は四世紀前半から七世紀前半頃までの長期にわたりつくられた、大小合わせて八十五基の古墳が並ぶ。航空写真で見ると前方後円墳や円墳がポコポコ点在していて、まるでファミコンゲームの「ゼビウス」みたいだ。

持田古墳群、上から見るか？ 横から見るか？

横から見るとただの盛り土。でかい盛り土。田んぼ田んぼ田んぼ盛り土田んぼ盛り土田んぼ田んぼ盛り土田んぼコスモス盛り土田んぼ田んぼ田んぼ。だめだ、上から見たい。あと明るい時に見たい。街灯はいっさいなく、漆黒の闇に田んぼと盛り土の世界。しまいには迷子になる。古墳群から抜け出せない。これは古代人の呪いなのか。

持田古墳群二十六号墳

実はこの古墳群のほとんどすべてが盗掘を受けている。

大正末期から昭和初期にかけて日本に一大古墳ブームが起こり、昭和四年頃からここ持田古墳群も土地の所有者が自分の土地にある古墳を次々と掘り起こし、昭和五年にはほぼすべての古墳が破壊され尽くした。

しかし昭和三十六年には国から史跡名勝天然記念物に指定される。昭和四十四年には宮崎県教育委員会の資料に盗掘者の氏名が掲載され、調査にたずさわった研究者が盗掘者を訪ね、遺物を取り戻した。昭和五十年には地元住民が中心となって「高鍋町古墳を守る会」を結成し、保存顕彰事業を積極的に進めている。

盗られ、とり返し、守る。千四百年以上前に三百年以上続いた歴史が、この百年足らずでいろいろ騒がしい。

そんな事情を知るよしもなく、しばらく悪戦苦闘した末になんとか脱出。

その時わかったことは、田んぼと思っていたものが茶畑だったことくらいだ。

謎の仏像群「高鍋大師」

いよいよ高鍋大師へ突入する。山道を少し登って、たどり着いたのは深夜二時。

駐車場ですでに何体かの石仏が出迎えてくれた。

ただ……目が、かわいい！　子供が描く絵日記みたいな顔だ。不動明王も……かわいい！つぶらな瞳である。阿修羅像……眉毛がある、かわいい。あ、たまにちゃんとした石仏もある。ちゃんとしたのは八十八ヶ所巡礼の石仏だ。おお、なんだあれは？　三メートルの鬼だ！　赤い！　かたわらには小さい赤鬼と青鬼。青鬼がすごく青い。青鬼のこん棒に「をにあらわれた」と書かれている。わかりやすい。は……！　しまった、気づけば無数の石仏に囲まれていた。どうしよう、全然怖くない。

小さな石仏たちはまるでシルバニアファミリーみたいだ。かわいい。


これらの石像をつくったのは高鍋で米屋を営んでいた岩岡保吉さんである。

岩岡さんは二十九歳で四国巡礼に出発したのを機に仏像に興味を持ち、持田古墳群の盗掘があいついだことに心を痛め、古墳の霊を鎮めるために高鍋にも八十八ヶ所をつくることを決意。四十三歳の時に古墳群近くの土地を購入し、大分県から石工仏師を招いて彫刻技術を習得。それから昭和五十二年に八十七歳で亡くなるまで、七百体以上の石像をつくり続けた。


駐車場から奥へ進み、お堂の近くまで行くと……うわ、すごいデカい石像が出てきた！

ロボットだ、ガンダムだ、いや、薬師如来像、「十二めんやくし」だ。七〜八メートルはある。横から見ると平べったい。よく立っていられるな。

あ、あっちにもいた、やっぱりデカい！　手がいっぱいある。まるで巨大ムカデみたいな千手観音像、いや「十一めんくわんのん」だ。胴体には「岩岡山七十五才のサク」と刻まれている。七十五歳でこんなデカい石像を作っていたと思うと、すごい！

　今度は巨大なライオン、いや、スサノオだ。スサノオノミコトだ。ということはこっちにあるのはアマテラスオオミカミかな、うしろに太陽があるし。このおっぱい丸出しの像は……アメノウズメか。お、あれは……釈迦だ！　天上天下唯我独尊のポーズをしている。まるでバッティングセンターのピッチングマシーンみたいだ。

　こっちには、千利休もいる。角刈りの仏像、フサフサの仏像もいる。これは近所の知り合いを模して作った石像らしい。神様仏様から近所の老夫婦まで、バラエティ豊かすぎる。

　さらにはニワトリもいる、ツルもいる。亀は甲羅の上に別の亀が乗ってその甲羅の上にまた

かわいい石仏

別の亀が乗って、まるで組体操をしてるようだ。ブレーメンの音楽隊みたい。あ、見たことあるおじいさんだ！　まちがいない、胸に「みとこもん　人をたすけまわる」と刻まれている。水戸黄門だ！　両サイドには「すけさん」と「かくさん」もいる。助さんの胴体には「昭和四十九年六月吉日」、角さんの胴体には「岩岡弘覚　八十六才サく」と刻まれている。名前が岩岡弘覚だったり岩岡山だったりするのはそのつどペンネームみたいなのを変えてたのだろうか。それにしても八十六歳の作品ということは、水戸黄門御一行は岩岡さんが亡くなる前年につくり上げたということだ。

本当に死ぬ間際まで、作品をつくり続けていたんだな……。

盗掘があった昭和四年は岩岡さんが三十九歳の頃だから、ちょうど今の僕と同い年くらいだ。残りの人生すべてを石像づくりに捧げた岩岡さん。いったいどれだけの思いがあったのだろう、自分には想像がつかない。

僕は巨大なスサノオノミコトの像の前にある

水戸黄門と助さん角さん

高台のベンチに腰かけ、宮崎駅で買ったチーズ饅頭をほおばりながら思いにふける。

ここは心霊スポットなんかではない。だって、怖いどころか、楽しすぎる。

きっと、岩岡さんの生涯をかけた作品が、盗掘された持田古墳群の霊をもクスッとさせているにちがいない。ここはそんな場所だ。うん。そして寒い。

深夜三時、僕は十一月の真夜中の風に吹きさらされながら、下がっていく体温と戦いはじめる。だめだ、寒い。動かねば。

始発までの時間、高鍋大師のどこかにあるとされる地下道を探す。石仏が七百体あって地下道まであるなんて、どんだけアミューズメントパークなんだろう。

地下道はお堂の脇にあった。しかし残念ながら中は崩落してるみたいで立入禁止になっていた。しかたないので地下道の出口とされる場所を探しあて、そのまま高鍋駅までもと来た道を戻る。その間の記憶は寒いのと眠いのと疲れでほとんどない。途中コンビニであったかいラーメン的なものを食べてたような気がする。

神話を巡る

翌朝（といっても寝ていないので昨日の延長）、始発で高鍋駅から延岡駅まで行き、延岡からバスで約一時間半。

午前九時、高千穂到着。

僕がこの宮崎遠征で最終的に選んだ場所は高千穂だ。ただ、夕方には宮崎空港から飛行機に乗るため、十三時半には再びバスに乗らなければいけない。高千穂に滞在できるのは約四時間だ。

高千穂は日本神話ゆかりの地だ。高天原にいた神々の中から天照大神（アマテラスオオミカミ）の孫・ニニギノミコトが降り立った地である。さらに天照大神が弟のスサノオノミコトの乱暴に怒って洞窟に籠り、世界が暗闇になったという岩戸神話の舞台とされる洞窟「天岩戸」を拝む天岩戸神社や、天照大神を洞窟から出すために神々が作戦会議した場所とされる天安河原などの聖地が存在する。まさに神話のふるさと。

天安河原

さあ、どこから巡ろうか。時間を限りなく有効活用するために、まずは駅から一番遠い天安河原までタクシーに乗る。のどかな民家や畑を抜け、十分ほどで到着。

ここは……マイナスイオンが半端ない。

透き通りすぎる清流に、無数に積まれた積み石。

上から見た高千穂峡

すさまじく神秘的。何がすごいのかはわからない、わからないけど、まちがいなくパワースポットと呼べる場所でしょう。

ただ、だからこそ、僕はここで何をすればいいのかわからなくなってしまった。

みんなここで何をしてるんだろう。

すぐ近くの天岩戸神社では、神職さんが三十分ごとに岩戸神話の説明と、御神体である天岩戸が直接見られる遥拝殿へ案内してくれる。

天岩戸はちょうど手前の木が邪魔でギリギリ見えない。

悔しいけど、見えてしまわない方が、神聖なのかもしれない。

時間は限られている。タクシーを拾って次は高千穂峡へ。

もともと宮崎の大学生から聞いたオススメ心霊スポットに挙がっていたのが、この高千穂峡にかかる高千穂大橋だ。

道中、タクシーの運転手さんに高千穂の伝統文化・夜神楽について教えてもらう。夜神楽は国の重要無形民俗文化財に指定され、天照大神が天岩戸に隠れてしまった時に、岩戸の前でアメノウズメが舞ったのがはじまりとされている。

十一月中旬から二月上旬にかけて三十三番の神楽があちこちの神楽宿で奉納されるという。あと二週間遅ければ、夜神楽も体験できたのにな。

生きた心地がしなかった高千穂大橋

高千穂峡到着。高さ平均八〇メートルの断崖が東西約七キロメートルも続く国の名勝・天然記念物である。中でも日本の滝百選に選出されている真名井の滝はまさに圧巻。その下に遊覧貸しボートで近づくこともできるので、友達や恋人と行くときっと楽しい。

しかし僕の目的は高千穂大橋だ。下から上へひたすら登る。

ちょうど紅葉の時期で、ご高齢の観光客もたくさんいる。景色はまちがいなくきれいだ。

しかし僕は、幾人かが飛び降りたであろう景色を見にいく。黙々と、黙々と遊歩道を登る。いつの間にか観光客はいなくなっていた。歩いて高千穂大橋を目指す人はほとんどいないのだろう。あと少し。あと少しで橋の上だ……よし、着いた。

これが、高千穂大橋だ！

高い。高さ七五メートル。落ちたら死ぬ。まちがいない。

そして橋の上からはさらに大きな神都高千穂大橋が見える。こちらは高さ一一五メートル。さらに高い。さすがにあちら側までは行く気はしない。

それにしても高千穂大橋、絶景だからこそ平衡感覚がおかしくなる。まるで宙を歩いているようだ。柵はあるけど、バランスを崩せば簡単に谷底へ吸い込まれそうに

……

〝ブゥウン！〟

うわぁ！……びっくりした。すごいスピードで車がスレスレを通りすぎていく。

〝ブゥウン！〟

ひぇ！

高千穂峡淡水魚水族館でチョウザメを丸呑みする

〝ブゥン！〟

こわ！……交通量多い。

これ、ギリギリ歩道があるとはいえ、普通にあたったら落ちる。しかも最後に寄ろうと思っていた高千穂神社は、橋を渡りきった向こう側にある。

歩いて橋を渡る人間は僕以外にいない。これ、自殺行為かもしれない。

〝ブゥン！〟

来るな！

〝ブゥン！〟

やめて！

〝ブゥン！〟

勘弁して！…………なんとか渡り切る。生きた心地がしなかった。

高千穂神社の記憶はあんまりない。創建千九百年のとても歴史ある神社。あるのは安堵感のみだ。無事に導いてくださいましてありがとうございました。

宮崎から戻って三週間後。

名古屋のＣＢＣラジオで本番前にテレビを見ながら昼食を食べていたら、見たことある景色が画面に映った。天安河原、高千穂峡、神都高千穂大橋、のどかな風景……。

　僕が巡った高千穂の観光スポットをテレビのワイドショーが紹介している。

　いや、紹介しているのは「高千穂とはこんな場所です」と視聴者にわかりやすく説明するためのＶＴＲで、内容はショッキングなものだった。

　とある集落で六人が惨殺された事件。犯行現場は、まさにタクシーから見た風景にあるようなのどかな民家だった。

　そして、僕が高千穂大橋から見た神都高千穂大橋は、家族五人と知人一人を殺害した犯人が飛び降りた現場になっていた。

　タクシーの運転手さんに聞いた話だと、ちょうど夜神楽がはじまった頃だろう。

　記憶とは思い出とは、こうしてくすんだ色に染まっていく。

ニュースに映った神都高千穂大橋

正義とは何なのか？鬼の棲む城で命がけの崖くだり

深夜一時。広島での怪談ライブ出演後、十二月のどしゃ降りの雨のなか、一人、車から降ろされる。向かうのは鬼ノ城。岡山県総社市にある、ヤマト政権によって築かれたといわれている古代山城だ。

七世紀半ば、朝鮮半島で唐と新羅が百済を滅ぼす。当時、倭国と呼ばれていた日本は、唐の支配に抵抗する旧百済勢力に援軍を送るが、六六三年、朝鮮半島での白村江の戦いで唐・新羅の連合軍に大敗する。さらに唐・新羅が日本まで攻めてくることを恐れたヤマト政権は、国を守る施設を築いた。鬼ノ城はその一つとしてつくられたと考えられている。しかしその歴史は解明されずにまだ謎のままである。

鬼ノ城は心霊スポットでもあり、自殺者が多いため山頂にその霊が集まってくるといわれるが、なんの根拠もない。

それよりも桃太郎の鬼退治のルーツとされる「温羅《うら》伝説」が興味深い。

鬼ノ城は伝説の鬼・温羅の拠点とされていた場所だ。温羅は百済から流れ着き、製鉄技術を吉備へもたらして鬼ノ城を中心に一帯を支配したという。そこへヤマト政権から吉備津彦命《きびつひこのみこと》がやってきて、家来の犬《いぬ》飼健《かいたける》、楽々森彦《ささもりひこ》、留玉臣《とめたまおみ》とともに温羅を討ち取った話が桃太郎のモチーフとなっている。

広島イベントの楽屋で和む恐怖新聞健太郎と田中俊行

「本当に一人で大丈夫ですか？」
車を運転してくれた恐怖新聞健太郎さんが鬼ノ城で僕を降ろしたあと、心配そうに声をかけてくれた。健太郎さんはこの広島からはじまった二〇一八年十二月の広島高知高松愛媛怪談ツアーのメンバーだ。
「大丈夫です大丈夫です」
僕は岡山からこのあと高松まで帰る車（恐怖新聞号）を暗闇の中、見送った。

二時間後、激しい後悔の念にかられることになる。

深夜三時の鬼ノ城

鬼ノ城は標高四〇〇～六〇〇メートルの吉備高原の南縁に築かれている。山のふもとから現地までたどり着くのに山道を車で十分ほど。ということは徒歩だと一時間以上かかる。もうあとには引き返せないのは承知の上だ。朝になるまで僕は鬼ノ城で過ごさねばならない。

まずは西門を目指す。左手に傘と懐中電灯を持ち、右手にスマホを持ってネットで生配信しながら一本道を東へ歩く。降りしきる雨。濡れた石畳。暗い。寒い。

霧がかかる、と同時に姿を現す鬼ノ城西門。デカい。まがまがしい。これが鬼の棲む城の入口か。ちなみに鬼ノ城は土塁などが史跡として残っているだけで、城自体があるわけではない。

鬼ノ城西門

西門をあとにして、そのままさらに東へ進む。

途中、でたらめなパイ生地のような祠が目につく。何かはわからない。

さらに進むと道の真ん中にカエルが一匹。十二月にカエル？　冬眠しそこねたのか。少し触れても動かない。死んでいるのかもしれない。そのままにして先へ進む。

そこへ突然の崖。尋常じゃない高さの崖。

のぞき込むと木のてっぺんがだいぶ下に見える。ライトで照らしていなければ落ちていてもおかしくなかった。夜の鬼ノ城、危ない。

崖のそばは石畳の道が続く。雨に濡れて滑ってしまうとおのずと崖に吸い込まれそうになる。なんとか慎重に歩く。


南門に到着。岩に穴をくり抜いて、中に積み石が置かれている。

このあたりから積み石が増えてくる。一本道にまた突然、崖が現れる。今度は石垣の崖の突き出た先端部分に積み石がある。ここに石を積んだ人は命がけだ。まるで宙に浮いているかのよう。確かに石を積んでみたくなる

なんのためかはわからないが、石がやたらと積んである

ような場所ではある。まさに積み石トラップ。この石垣からは眼下に総社平野、岡山市街が見渡せる。見よ、この微妙な夜景。暗すぎて遠くの方が少し明るく見えるだけである。こんなとこカップルで夜に来ても盛り上がるわけがない。

さらに進む。目の前に跳ねる白い影。もののけか？　いや、ウサギだ。総社の白兎。

さらに進む。「まむし注意」の看板。カエル、ウサギ、ヘビ……そうか、これは鬼退治だ。僕はイヌ・サル・キジのかわりにカエル・ウサギ・ヘビを連れて鬼退治に向かっているのだ。もうよくわからない思考になってきた。かれこれ二時間近く歩いている。どんだけ広いんだ鬼ノ城。懐中電灯の光もだんだん小さくなってきた。

真夜中の三時。案内図を見つける。現在地は東門の手前。これだけ歩いてまだ半分も行ってない。心が折れはじめる。屋根があるところで座りたい……。

雨うざい。風クソ。水溜りコラッ。段差ダボッ（「ダボ」は兵庫県南西部で使われる最大級の罵倒）。発する言葉がどんどん汚くなっていく。靴も汚い、びちょびちょ。

命がけで置かれたであろう積み石

崖／ほぼ崖／崖

ようやく東門到着。鬼ノ城全体でいうと、入口の角楼の真反対側に位置する。北門を目指して一周しようとすればさらにこの倍以上の時間がかかる。入口に戻ったとしても恐怖新聞健太郎の車はない。そこからさらに山道を一時間以上かけて降りなければいけないのだ。

今さら気づいた。鬼ノ城は徒歩で来るところではない。

奥坂休憩所方面　降りると城の外に出ます↓↓↓↓↓

小さな看板が目に入る。東門側から山を降りる抜け道がある？

懐中電灯とスマホのバッテリー残量も少ない。このあと雨は午前四時から六時半にかけてさらに強くなるとの情報をスマホで確認。

よし、降りよう。何より「休憩所」の文字がまぶしい。鬼なんかどうでもいい。鬼なんか今の時代にいるわけがない。僕はとにかく、休みたいのだ。

看板を疑うことなく記された矢印の方向へ突き進む。進む。

え？

この道、ほぼ崖。

左手に傘と懐中電灯、右手にスマホ。

え、これ行けるの？

崖／ほぼ崖／崖。このほぼ崖の部分が道と考えてほしい。

危なすぎる。これは過酷すぎる。こんなの道じゃない。何が休憩所だ。休憩するまでに死んだら休憩できないじゃないか。

慎重に、慎重を重ねて、降りる。

少しひらけてきても、岩。岩しかない。せめて雨さえ降っていなければ……。急角度、濡れた岩。スマホをひとまずポケットに入れる。配信なんてしてる場合じゃない。背面を岩肌につけ、ほぼ滑りながら降りる。

死ぬ。一歩踏み外したら死ぬ。

生配信を観てる人に死ぬ瞬間を見せるわけにはいかない。

99% 崖。でもこれが道

↑奥坂・足守駅　鬼ノ城↓

看板が見える。よかった、道はまちがってはない。しかしまだ全然ほぼ崖。つるつる。道じゃない。暗いからその先に何があるのかがわからない。

寒い。心折れたら凍え死ぬ。油断したら落ちて死ぬ。止まるも死、進むも死。同じ死ぬなら進まにゃ損損。


崖くだりを敢行して約一時間。全然道も休憩所も見えない。

「人生上りと下りではどちらが辛いと思いますか？」

もしそんな謎の質問をされたら「下り」と答える自信がある。下りの辛さは、一瞬で死ぬ危険性が高いからだ。それを身をもって実感。実感している最中にも、まだ死ぬ確率は高い場所にいる。

プルプルと震える足。道が恋しい。アスファルトが恋しい。平面が恋しい…………お、段差が、段差がなくなった。うれしい。段差がなくなることがこんなにうれしいなんて。

生きたんだ。生きてるぞ。もう落ちることにおびえる必要はないんだ。

あ、アスファルト！　あの光は……街灯だ！

温羅の首を埋めた吉備津神社

それから僕は死ぬことはない舗装された道を二時間歩いた。鬼ノ城での二時間、そして崖くだりでの一時間とくらべたら、なんの苦痛もない時間だった。

結局、奥坂休憩所はあったものの雨がしのげる場所ではなく、コンビニまで行き、あったかいものをひたすら摂取して始発までの時間を過ごした。


足守駅へ向かう途中、昭和のバラエティ番組「風雲たけし城」に出てくる「ジブラルタル海峡」の吊り橋のような、両脇に柵もない板一枚の橋が行く手をはばむ。この橋を渡らなければ始発の電車に乗れない。下はそこそこ大きな川が流れており、普通に落ちたら溺れる規模だ。

どうする？

僕はつい数時間前に四〇〇メートルの高低差がある、ほぼ崖を雨の中降りてきたのだ。それとくらべたらたいしたことはない。いくしかないだろう。渡る。揺れる。滑る。渡り切る。感想、怖かった。現代にこんな危ない橋が駅の近くにあるなんて、近所の人は普通に生活通路として使っているのだろうか。なかなか驚きである。

ジブラルタル海峡の吊り橋のような橋

この橋の下を流れる足守川は、桃太郎の桃が流れてきた川のモデルとなった笹ヶ瀬川の支流である。そしてこの足守川の支流となるのが血吸川。血吸川は吉備津彦命との戦いで傷ついた温羅の血が流れて真っ赤になったと伝えられる川で、実際に土砂に砂鉄が混ざっていて川底が錆びて水が赤く見える時があったため「血吸」の名前がつけられたという。この地域で製鉄が盛んであったことにもつながる。

足守駅で朝六時四十一分の始発に乗り、吉備津駅で下車。駅前には岩を投げんとする温羅と、弓矢を構える吉備津彦命が描かれた観光案内板があり、そこには吉備津彦命と温羅の戦いの様子も説明されている。

吉備津彦命は矢を放つが、鬼ノ城に籠った温羅は岩で応戦し、なかなか勝負がつかない。そこで吉備津彦命は一度に二本の矢を射て、一本が温羅の目に命中する。温羅は川を真っ赤に血で染めながらコイに化けて逃げ、吉備津彦命は鵜《う》になって追いかけ、退治したそうだ。

この温羅の血潮で真っ赤に染まった川が血吸川で、他にも吉備津彦命が射る前に矢を置いた矢置岩、吉備津彦命の矢と温羅が投げた岩がぶつかって落ちた場所といわれる矢喰宮（足守駅のすぐ近くにある）、吉備津彦命がコイに化けた温羅を捕まえた場所とされる鯉喰神社など、伝説に登場する場所が案内されている。

つかまえた温羅の首をはねて、その生首を犬に喰わせて骨にし、御竈殿《おかまでん》の土中深くに埋葬したのが、次に向かう吉備津神社だ。温羅との戦いで吉備津彦命が陣を敷いた中山のふもとにあり、吉備津駅からは徒歩で約十分かかる。釜の上にせいろを置いてその中に米を入れ、フタを乗せた状態で釜を焚いた時に鳴る音の強さや長さなどで吉凶を占う鳴釜神事《なるかましんじ》で有名な場所でもある。

午前七時過ぎ、吉備津神社に到着。案内板には吉備津彦命は二百八十一歳まで生きたと書かれている。ご長寿にもほどがある、すごいな吉備津彦命。

本殿と拝殿は国宝で、長い廻廊は岡山県の重要文化財とされているみたいだ。その廻廊を進むと御竈殿が現れ、この下に温羅の首が埋まっているという。鳴釜神事の由来にはこんなことが書かれてあった。

吉備津彦命に首をはねられた温羅の首は、死んでもうなり声をあげ続け、犬に喰われて骸骨になってもうなり続け、御釜殿の下に埋葬してもうなり続けた。これに困った吉備津彦命の夢に温羅が現れ、こう言った。

「私の妻、阿曽媛に釜で米を炊かせなさい。そうすれば私はお前の使いとなって吉凶を示し、民に賞罰を与えよう。世のなかに何かあれば、私の釜の前に来てみよ。幸あればゆたかに、禍あれば荒々しく釜を鳴らそう」

吉備津彦命は温羅のお告げ通りに温羅の妻を呼んで米を炊かせると、うなり声が収まり平和が訪れた。

鳴釜神事は現在も行われており、阿曽女《あぞめ》として温羅の妻の阿曽媛の役割をなす女性が御竈殿で奉仕している。

ちなみに「名探偵コナン」でこの鳴釜神事を題材にした回があったそうな。

「鬼」という言葉

こうして僕は成り行きで、温羅が過ごした鬼ノ城から、温羅の首が埋められた吉備津神社までをたどることになった。もはや温羅の方に感情移入せざるをえない。

鬼ノ城からの決死の崖くだり、怖かった。温羅ももしかしたら吉備津彦命に攻められて、目に矢が刺さって、コイに化けてまで必死で逃げて、それでも追いかけられて殺されて、首をはねられて犬にまで喰われて地面の下に埋められて、鬼とはいえ怖かったんじゃないだろ

重要文化財に指定されている吉備津神社の回廊

うか？

　いつの時代も征服した側が正義となり、征服した側の歴史が残る。征服された側は鬼とされ、征服されるまで過ごしていた鬼の歴史は残らない。岩手の地名の由来となった手形を押した鬼だって、彼らがそれまでどんな生活をしてきたのか語られない。

　大人になると、都合の悪いことは語らないという術を身につける。

　だから逆に、都合の悪いことは語られないんだなということを知る。

「鬼」という言葉はとても都合がよくて、都合の悪いものを鬼と位置づけることで、鬼の詳細を語らなくて済む。

　吉備津彦命がどんな人間だったかはわからない。上からの命を受け、忠実に任務を遂行したにすぎないのかもしれないし、本当はそうじゃないのかもしれない。また、当時は恨まれたのかもしれないし、喜ばれたのかもしれない。いやそれは、恨まれたし、喜ばれたのだろう。それがどのくらいの割合で、どのくらいの熱量でなのかは、僕には知りようがない。

　そもそも伝承の話なので、温羅も吉備津彦命も存在していないかもしれない。大多数の日本人にとっては「へぇ〜、吉備津彦命って悪い鬼をやっつけた桃太郎のモデルになった人なんだぁ」である。

　温羅が吉備津彦命に討たれた表向きの理由は、「温羅が婦女子をさらったり、意に沿わない相手を鬼の釜でゆでて食べたりして酷いので助けてください」と現地の人々から朝廷に訴えがあったからとされている。

しかし一方で、「温羅は百済から製鉄技術をもたらし、鉄で農機具などを作って農業発展に貢献し、吉備地方を繁栄させた百済の王子として尊敬されていた」とする説もある。

鉄資源を大陸から輸入していたヤマト政権にとって、自分たちの知らない製鉄の技術を持っている温羅たちは脅威であり、なんとかして取り込みたいという思惑があったのではないだろうか。そして彼らを討伐する理由づけとして「吉備の人たちが温羅にいじめられている」ことにしたのかもしれない。

生首になっても髑髏《どくろ》になっても埋められても唸り続けた温羅の悔しさと執念は相当なものだったのだろう。しかし勝つことだけがすべてではない。負けた相手に取り込まれても、彼らの役に立ち続けることで存在を示した温羅はすごい。何より温羅はまだ生き続けている。現在も鳴釜神事で何度でもよみがえるのだから。二百八十一歳まで生きた吉備津彦命よりも長生きだ。

次のライブ会場である高知へ向かうＪＲ特急南風の車中で、そんなことを考えながら眠りについた。

出会って○秒で即死する怨霊
七人ミサキを追いかける

年に三〜四回、高知と高松で僕は怪談ライブを行っている。そのつど広島や愛媛でも怪談ライブをやり、だいたい三日間でワンセットのツアーになる。

二〇一六年夏、高知市帯屋町にあるライブハウス「カオティックノイズ」で僕は七人ミサキの話をした。

七人ミサキとは、七人組で連なって徘徊する亡霊。あるいは怨霊、妖怪。

彼らに出会うと、即、取り殺される。そして怨霊は成仏するが、取り殺されたものが新たに怨霊となり、いつまでも七人の霊が増減することなく現れ続けるという。

七人ミサキは高知が発祥と言われていて、その由来としてもっとも有名なのが吉良親実とその家来の話だ。

土佐国を治めていた長宗我部《ちょうそかべ》元親《もとちか》は、戸次《へつぎ》川の戦いで長男の信親を失う。失意の元親は次男三男をすっ飛ばし、溺愛する四男の盛親に家督を継がせ、死んだ信親の娘を盛親に嫁がせようとするが、元親の側近であり甥でもある吉良《きら》親実《ちかざね》が反対する。姪を叔父の妻にさせるのは人道上よくない、跡継ぎは次男の親和が順当であると主張した。怒った元親は、親実をよく思わない家臣・久武親直の言葉にも惑わされ、親実そして同じく元親に反対した比江山《ひえやま》親興《ちかおき》に切腹を命じる。その後、親実の家来七人衆も元親の命令で殺され、無念の親実と家来七人衆は亡霊となって長宗我部家と土佐国に次々と怪異をもたらした。特に久武親直は、息子たちが次々と怪死、妻が発狂して自害するなどの不幸が続き、元親は「これは親実の祟りじゃ」と、親実の墓に木塚明神を祀り、怨念を鎮めようとして小さな祠を建てた。それがカオティックノイズから車で三十分ほど西へ行った場所にある、吉良神社である……という話をしていたら、

「ご用件は何ですか？」

舞台脇のスピーカーから謎の声が大音量で鳴り響

高知カオティックノイズでの怪談ライブ

いた。会場は騒然とし、七人ミサキが現れたのではないかと誰もが耳を疑った。

この一件から、僕は七人ミサキに取り憑かれてしまう。それは取り殺されるという意味ではなく、魅了されてしまったということだ。

写真を撮るとモザイクが入る吉良神社

ホテルで聞こえた怪音の犯人

二〇一六年冬、僕は吉良神社を訪れる。

しかし七人ミサキを祀っている高知市春野町の吉良神社ではなく、まちがって土佐市蓮池にある別の吉良神社に行ってしまう。しかしその場所は吉良親実が最後の城主を務めた蓮池城跡地であることが後にわかる。

二〇一七年春、三十五歳の誕生日の夜に、春野の吉良神社、蓮池の吉良神社、山ノ端の吉良神社の三つの神社を回る。

二〇一七年冬、テレビ番組「北野誠のおまえら行くな。」のロケで三回目となる蓮池の吉良神社を訪れる。

泊まったホテルで隣の部屋だった北野誠さんに次の日の朝に言われる。

「お前、昨日ずっとえずいてたけど大丈夫か？」

「俺の部屋の壁、蹴ってたやろ」

「明け方、何回もドア開けたり閉めたりして、どこ行っててん？」

まったくもって身に覚えがない。

このロケでは吉良神社以外にも怨霊や伝説、呪いにまつわる四国のスポット数箇所を回っている。


日本三大怨霊の一人・崇徳天皇を祀る白峰宮では、珍しい三輪鳥居をくぐろうとした瞬間に本殿の上空に暗雲が垂れ込め、境内に足を踏み入れてからは突然の嵐に見まわれた。悪天候の中、ロケを終え、神社を出た途端に今度はぶ厚い雲が嘘のように消えていき、太陽の光が差し込んで留まった雲が鳳凰の形に変化した。文章で見ると大げさにもほどがあると思われてしまいそうだが、本当にそうだったのだからこのようにしか書きようがない。

そのあとは牛鬼伝説のある四国八十八ヶ所霊場の根香寺《ねごろじ》で、恐怖新聞健太郎さんが体験した「根香寺に行ったあとにバキバキに骨の折れた女が家を訪ねてきた話」を聞き、翌日は謎多き民間信仰「いざなぎ流」にまつわる場所を巡った。いざなぎ流の祭祀が行われていた神社では、太夫と呼ばれる祈禱師が呪詛《すそ》を封じ込めた御幣《ごへい》（和紙を切ってつくられたいざなぎ流の祭具・呪具）がそのまま放置されてあったのだが、何がどうなってそうなったのか、決して触れてはいけないと言われている、その御幣の切れはしが僕のコートのフードの中に入っていた。

これらのことが重なって、ホテルで誠さんが聞いたえずきや壁を蹴る音やドアの開閉音の犯人は、もはや誰だかわからない。崇徳天皇か、根香寺のバキバキの女か、いざなぎ流の太夫が封じこめた呪詛か、それとも七人ミサキか……。

比江村の七人ミサキ

七人ミサキは吉良親実らの怨霊だけを指すわけではない。

他にも七人ミサキは存在する。

二〇一九年夏、比江村七人ミサキに会いにいく。それは跡継ぎをめぐって吉良親実とともに長宗我部元親をいさめた比江山親興たちの怨霊である。親興は元親のいとこだ。

元親に切腹を命じられた親興は、家来に耳打ちをして妻と五人の子供を逃し、新改村の長福寺へかくまってもらったが、植田の百姓たちに裏切られ追手につかまってしまう。親興の妻子が連れていかれた処刑場には長福寺の住職がやってきて、

「このうちに植田のものはおらんか。なんという人非人じゃ。こうして成敗をさせられようとしておる者が、かわいそうじゃないか、この怨みはどうしても忘れんぞ」

と言いながら目の前で切腹。同時に、母を見て号泣する末の女の子の首がはねられるという壮絶さだったという。

その夜から付近に火の玉が現れ、村人が道端で急死したり、発狂したりと、変なことが立て続けに起きはじめる。特に「植田の者」に怪異が起きることが多かったという。怪異の記録は明治時代にまで残っている。

文献によって内容は若干ズレがあるが、比江山親興の妻子六人と切腹した住職を合わせた七人が「比江村七人ミサキ」であることにまちがいはない。

香美市土佐山田町新改にある比江山神社に比江村七人ミサキの墓がある。

田んぼの隅に草が茂っている場所があり、そこに小さな神社があるのだが、なかなか訪れる人は少ないのか、だからこそよけいに念のようなものが籠っていそうな感じはあった。茂みに入ると、強烈なやぶ蚊に襲われる。ここ「新改」は、もとは「蚊居田」という地名だったようなので、名前につけるく

比江村七人ミサキの墓

らい昔から蚊が多くいたのかもしれない。
社の中の看板に「七人の怨霊はカモンサマの火玉としておそれられ」と書かれていた。「カモンサマ」というのは比江山親興の役職である「掃部助（かもんのすけ）」からとった愛称のようなものだろう。

ところで比江山神社はもう一つあって、それが比江山にある比江山城跡に存在する。比江山城は城主の親興の死後に廃城となり、親興夫妻と子供たちを祀る比江山神社が建てられたという。

行ってみてわかったが、台風などの土砂崩れによってなのか、ネットで確認したら存在していた案内板がなくなっていた。だから、ここが比江山神社であると示すものがいっさいない。ほぼ、廃神社と化してしまっていた。祟りを鎮めていたはずの神社が放置されていた。

二〇〇八年の写真ではまだ案内板が残っていたので、この十数年間に廃墟化してしまったのか。

廃神社となった比江山城跡の比江山神社

水無集落の七人みさき

七人ミサキを求める旅はまだ続く。

二〇一九年冬、徳島県三好市大歩危《おおぼけ》へ。

道の駅大歩危には妖怪屋敷が併設されており、三好市山城町発祥の妖怪・児啼爺《こなきじじい》をはじめ、地元の妖怪たちがたくさん紹介されている。ノビアガリ、ヒダルガミ、マド……なかなかマイナーな妖怪が多くて興味深い。そんな中、紙芝居コーナーでのヤマジチの話に七人ミサキが登場する。

妖怪ロードに設置されている木彫りのノビアガリ

木彫りのヤマジチ

三好市山城町西宇にある水無集落の山中に棲んでいた怪力の大男・ヤマジチ。田畑を荒らし、家畜を奪い、村人を殺し、悪さの限りを尽くしていた。そんなヤマジチを讃岐《さぬき》から来た山伏が「私が退治いたしましょう」と言って、村人に団子と白い石を集めさせた。そしてヤマジチの棲み家に行き、目の前で団子と団子に見せかけた白い石を焼いてみせ、ヤマジチに熱々の美味しい団子を数個食べさせたあと、熱々の石を食べさせる。すると、ヤマジチの棲み家は大爆発。翌朝恐る恐る村人が山に入って様子をうかがうと、焼け石で喉を焼かれて長くて赤い舌をベロンと出した今にも死にそうなヤマジチと、そばに倒れている山伏の姿があった。村人は二人を同じ塚に埋めて白い石を積んで祀ったといわれる。

その塚が今でも水無集落に残っている。そしてその近くに、ヤマジチの犠牲者である村人五人と犬二匹を「七人みさき」として今でも手厚く祀っているという。

なんとここでは妖怪ではなく、ただ犠牲になって死んだ者たちが「七人みさき」と呼ばれている。しかも、犬も七人みさきの一員なのだ。

道の駅大歩危の周辺には「妖怪ロード」として、トーテムポールのような木彫りの妖怪たちがあちこちに配置されている。水無集落のある山のふもとには木彫りのヤマジチもいるのだが、その近くにはカワミサキとヤマミサキの彫刻がある。彼らは鳥のように飛ぶ妖怪とされ、山や川で遊んでいると突然取り憑かれて動けなくなるともいわれる。

ミサキとは「不慮の死を遂げ誰にも祀られなかった霊のこと」を指す言葉でもある。もとはカワミサキもヤマミサキも川や山で不慮の死を遂げた者の霊魂だ。ヤマジチの犠牲者である五人と二匹も、不慮の死を遂げた霊魂だから「ミサキ」として祀られたのだろう。犬二匹をわざわざ足して「七」にしたのは少々強引な気がするけれど。

紙芝居を見たあとに妖怪屋敷のスタッフからヤマジチの墓の位置が記された周辺の地図をもらい、ヤマジチの里へ行く。車でけっこうな高さの山の上まで登り、集落へ到着。手がかりは地図にしかないので、ある一軒家を訪ね、住人のおじさんにいろいろと教えてもらった。

おじさんが言うには、集落一帯の人たちはヤマジチの被害にあった村人の子孫であるという。そしてヤマジチの墓、ヤマジチを倒した山伏が祀られてる神社、七人みさきの塚の場所も教えてもらった。これらはすべて、言われなければ見落とすような場所にあった。

さらに聞いて驚いたのが、焼け石で爆発したヤマジチの棲み家が、実際に隣の山に現存するという話だ。今は土砂崩れで通行不可になっているようだが、おじさんも行ったことがあるという。

そしてヤマジチの棲み家からは、今でも赤い水が流れ出ているというのだ。水が湧くような山ではないのに、どういうわけかその場所から水が流れ出ている。しかも何かしらの赤色の成分を含んだ水が。これは焼け石で喉を焼かれて今にも死にそうなヤマジチの赤い舌を表してるのではないだろうか。

どこかで聞き覚えがある……そうだ、鬼ノ城の近くを流れている血吸川が、温羅の血潮で真っ赤に染まったといわれている話とよく似ている。血吸川は鉄分を含んでいるため赤く見えることがあったという。

妖怪や鬼の伝説というのは、当時の人間では理解できない自然現象を、物語に組み込むことによって納得しようとして作られたのではないだろうか。

ヤマジチが実際に存在したかどうかはわからないが、もしかすると自然災害などによって亡くなった人たちの話かもしれない。実際に亡くなった人々の塚が七人みさきの塚としてあり、その子孫が今でも里に暮らしているのは事実である。

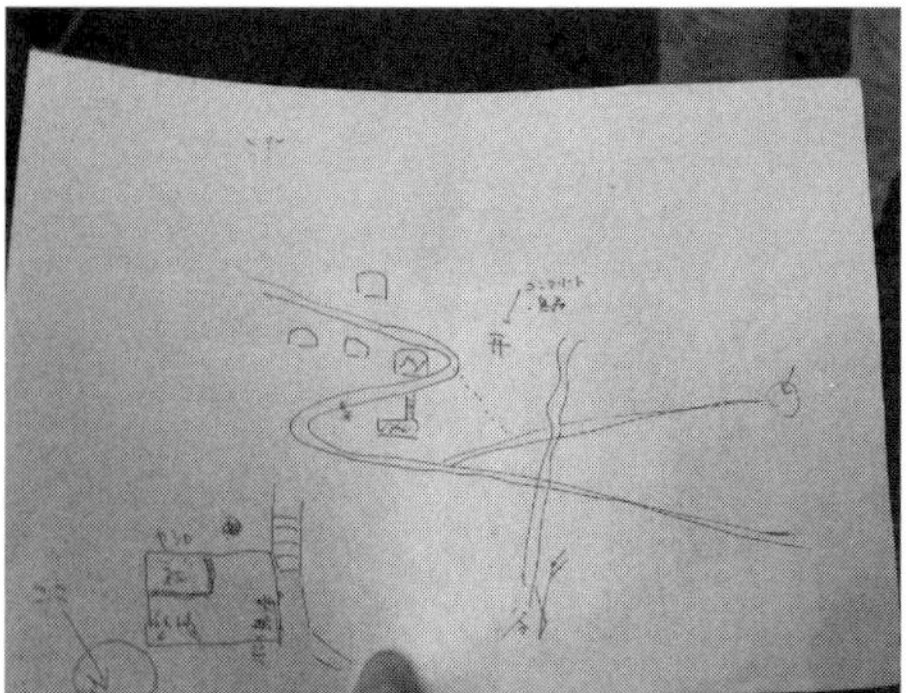

ヤマジチの里の住人が描いてくれた地図

久礼の七人ミサキ

二〇二〇年冬、久礼に行く。

高知県の南西にある高岡郡中土佐町の久礼は、漫画『土佐の一本釣り』の舞台になった場所だ。久礼港は小さな港だが、漫画の影響でカツオ漁の基地として知られるようになった。久礼海岸には作者の青柳裕介氏の石像がある。

そんなカツオの名産地にも七人ミサキの話がある。「久礼七人ミサキ」だ。

この七人ミサキは女遍路がいわれの発端で、山でもなく川でもなく海に関係がある。

昔、久礼の海岸に女遍路が行き倒れ、発見した村人が海へ葬った。しかし女遍路の遺体はまた同じ場所に漂着してしまう。結局その海岸に遺体を埋葬するが、やがてその上に一本松が生えてきて、周りを火の玉が飛ぶようになった。そして一本松の前を通った者は病気になり、七人の遍路が次々に死んだという。村人たちは女遍路の魂を

ヤマジチの墓と山伏が祀られている社

鎮めるため、一本松のそばに石地蔵を建てたという。

ただ、この石地蔵の場所が地図にはいっさい載っていない。手がかりが何もないので、昼ご飯を食べた店で厨房にいる店主に聞いてみた。

「すみません、このへんに七人ミサキの石地蔵があるって聞いたんですが、その場所を知らないですか？」

「石地蔵はわからんけど、七人ミサキなら知っちゅうよ」

「七人ミサキはご存知なんですね。あの七人組の妖怪の……」

「いや、七人ミサキはこのまま浜の方に出て、海岸沿いをずっと左に歩いたらあるき」

何か会話がかみ合わない。

「七人ミサキがある、っていうのはどういうことですか？」

「七人ミサキっていう岬があるがよ」

そうか。久礼の人たちにとって「七人ミサキ」は妖怪ではなくて岬。つまり「七人岬」と

久礼で食べたカツオの刺身丼

いう場所のことを言っていたのだ。

「七人岬」という地名も地図にはいっさい載っていない。どうやら地元の人たちにのみ通じる呼称のようだ。

さらに情報を得るため、人の良さそうなドーナツ屋のおばちゃんにも聞いてみた。

「あんた七人岬に行こうとしちゅうんか？　こわいで～、ひっぱられんようにな」

あ、恐い場所っていう認識がちゃんとあるのか。

「ひっぱられんように」というのはどういうことだろう……。

話を聞かせてもらった久礼大正町市場から浜に出て、海岸沿いを左に歩く。橋を渡ってトンネルに入らずに手前を右に曲がり、岸壁沿いの細い道路を進む。この先に七人岬はある。もしかしたらそこに石地蔵もあるかもしれない。しかし、目の前に通行止めの看板が立ちはだかる。少し前の台風の影響で土砂崩れが起き、道はふさがれているようだった。残念。

商店街に戻り、ドーナツ屋のおばちゃんに再び話を聞く。あの通行止めの先はどうなっているのか。

「もうだいぶ昔やき忘れたけんど、岩のところ降りていったら下に小さい砂浜があって、小さい岩があって、あたしらも子供の頃に行ったことあるき」

「そこに松の木と石地蔵ってありましたか？」

「さぁー、そこまでは覚えとらんけんど、その頃はもうなんぼでも行きよったき、七人岬。昔は降りて魚とか釣ったりしよったで」

「あ、じゃあさっき言ってた『ひっぱられんように』っていうのはどういう意味なんですか？」

「そんなことはよく言うね、知らんけんど。それはやっぱりあれやない？　人が恋しがやない？　ほらまた珍しい人が来たら特に大丈夫？」

「じゃあ昔からひっぱられるのはよく言われてるんですか？」

「特に浜辺の方の人はそういうことは言うね。年配の方に聞いたらそういう話は出るかもわからんけども」

　久礼のおばちゃん、会話の流れが速い。

「人が恋しがやない？」の部分がもっとも重要な気がしたが、帰りの電車の時間が迫っていたので詳しく聞けなかった。悔やまれる。

　七人ミサキはまだまだ他にも存在する。泥を塗りつけてくる早乙女ミサキ、狂った七人の山伏をとむらった広島の狂塚、正月に女が死ぬと次々に他の女が死んでいく正月女などなど……。地域ごとに多種多様すぎて、もはやジャンルやパターンを超越した「七人ミサキ」を説明するのは難しい。ただ共通するのは「七」の数字と不慮の死だ。

四国巡礼するお遍路さんが被る笠には「同行二人」という言葉が書かれている。これは「弘法大師と常にともにありますよ」という意味で、一人で歩いていても常に弘法大師がそばにいて、その守りを受けているということを表している。

僕はいまだに七人ミサキに取り憑かれている。探しても探しても各地に存在する彼らの足跡はコンプリートできない。この七つの死霊へのあくなき興味が続く間、僕は常に七人ミサキとともにある。すなわち「同行八人」なのだ。

ちなみに香川県には七人ミサキに似た亡霊で「七人同行」というのがいる。七人同行は牛の股間からのぞくと見えるらしい。また、耳を動かすことができる人にも見えるという。

ミイラ取りがミイラになるのか、同行八人が八人同行になるのか。ちょっと遅れるかもしれないけれど、必ず行くからそこで待ってろよ、たぶん。

左に見える道の向こうに七人岬がある

いざなぎ流の太夫が見た、変な死に方をしたうしろのモノ

「先祖で変わった亡くなり方した人おらんか」

僕に何が憑いているのか。いざなぎ流の太夫さんが出した結論はこれだった。

いざなぎ流をご存じだろうか？

高知県の旧物部村周辺（現在の香美市の一部）で伝承されてきた、神道、仏教、呪禁《じゅごん》、陰陽道、修験道などが入り混じった独自の民間信仰のことだ。その儀式は「太夫」と呼ばれる、地域で適格者と認められた祈禱師が執り行う。太夫はいざなぎ流独特の祭具を用いて、村で起こったさまざまな出来事に対応する。集落の祭りから各家の先祖祭り、さらには病人の祈禱をしたり、自然の神様の怒りを鎮めたり、呪詛を返したりまで、あらゆる役目をはたす。

二〇一七年十一月、「北野誠のおまえら行くな。」のロケで高知まで行き、いざなぎ流の謎に迫った。
高知県立歴史民俗資料館の学芸員さんにいざなぎ流の資料を見せてもらいつつ、解説してもらう。

【御幣（ごへい）】

自然の神様や精霊たちが宿るものとして、和紙を切って作られる。いざなぎ流の代表的な祭具で、祈禱で呼び出す神様や魔物の姿を模して作られるため、山の神、地神、水神、荒神、ミコ神、きじん、四足など二百以上の種類がある。御幣は完成した瞬間に依代《よりしろ》となるので、即座に神が降りてくるといわれる。多くの御幣に目と口があって、顔はかわいい。

【呪詛（すそ）】

いざなぎ流では呪詛のことを「すそ」と呼ぶ。呪詛は人間が発する呪いだけでなく、家や物、人につくもの、さらには神の怒りや神の眷属《けんぞく》による悪戯など、要するにネガティブなエネルギーすべてだとしている。

たとえば、すれちがいざまにドーンとぶつかって「なんだこのやろう」という怒りや、縁談がうまくいかない「チクショウ」という悔しさ、お金の貸し借りで「どうして返してくれないんだ」といういら立ち、冷たい態度を取られて「陰で悪口を言われているかもしれない」といった疑念などの感情もすべて呪詛。呪詛はだんだんその家や個人に災いをもたらすと考える。

いざなぎ流の祈禱ではこれらの呪詛を、御幣を組み合わせて作られた「ミテグラ」と呼ばれる道具に集めていく。人間の負の感情から死霊や生き霊、山の神、水神などの自然神やその眷属など、思いつく呪詛をどんどん呼んで、ミテグラへしまい込む。

このようにして収められた呪詛は、最終的に呪詛の墓場のような場所に放置され、さらに大きな岩を表した「高田の王子」と呼ばれる式王子（物部版の式神）の御幣を土の中に埋めたあとに石を置き、その力で十三年間出てこないように封じ込める。

印象的だったのは学芸員さんの言葉。

「やっつけちゃダメ。やっつけちゃうとこっちにも返ってくる。やっつけちゃうと呪いのし合いになりますから」

あくまで封印するのがいざなぎ流である。これは現代社会の人間関係にも通ずるものがある。そう、やっつけちゃダメなんだよなぁ。

ちなみに呪詛を集めるために使われたこれらの御幣は太夫以外は絶対に触ってはいけないようである。

【祭文（さいもん）】

祈禱で太夫が神様に読んで聞かせる物語、唱文。神の由来や出来事の起源が物語調で綴られている。

祭文は神々ごとにあるので御幣と同じでとにかく種類が多い。また、目的に応じても様々な種類があり、鎮めに使う祭文や雨乞いに使う祭文、呪いに関する祭文までもある。

ちなみに、いざなぎ流の名前の由来である「いざなぎ大王」の祭文には、「日本に生まれ、経文の修行をはじめた占い上手の天中姫宮が、人を救うための祈禱（呪術）を求めて天竺に渡り、いざなぎ様から人形祈禱や弓祈禱などの祈禱法を習って日本に伝えた」という内容が書かれている。もちろん日本神話に登場する国生みの神イザナギとは別だ。他にも釈迦が出てきたり、聞いたことがある名前の登場人物が全然ちがう設定で登場したりするので、神様の同人誌みたいでとても面白い。

ところで僕が見せてもらった「病人読分法」という祭文には、病気の原因をどう考えるかということが書かれていた。原因は荒神か、水神か、犬神四足か、それともたぬき四足か。

山の神かもしれないし、人間の呪いかもしれないし、生き霊かもしれない。可能性あるもの全部に声がけをして、そういう存在がその人の中に入ってきてるならお供え物をするから帰ってくださいと祈る。とにかく聞く相手が多いため、祈りは非常に長くなるそうだ。

【祈禱のやり方】

いざなぎ流の祭儀は複雑で、御幣や祭文を用いて祈禱し、祭文を唱えながら舞う「舞神楽」を行い、各家に代々受け継がれている「面」を被って即興の劇をしたりする。その他にも様々な約束事があるのだが、神様に最終的におうかがいを立てるやり方が特に興味深かった。

　長い数珠を持ち、左手は動かさず、神様に質問したあとに右手をジャラッとスライドさせる。たとえば「この呪詛がミテグラにちゃんと集まりましたでしょうか」とつぶやいたあとにジャラッとスライドさせる。そして左手と右手の間の数珠の玉の数を確認し、奇数ならＯＫで、偶数ならＮＧということになるそうだ。これを毎回毎回やって、そのつど神様と答え合わせをする。

　もし玉の数が偶数なら、神様は満足していないから、もしかしたら御幣がまちがってるんじゃないか、祈りが足りないんじゃないかと見直す。そしてはじめから祈禱をやり直す。

いちいち神様の意思を確認することで、言いっぱなしにならないから、祈禱を受けた人も逆に安心するという。

この説明を受けて北野誠さんは言う。

「太夫さん、最初から奇数になるようにしとこうや」

歴史民俗資料館で話を聞いたあと、旧物部村の山奥にあり、いざなぎ流の祭祀を執り行う代表地の一つである小松神社を訪れる。

急勾配の長い階段を下りた深い山中に神社はあった。そこには呪詛を集めた御幣のミテグラが放置されていた。これは触ってはいけないやつだ。このまま腐らせていくことで呪詛を鎮めていくのだろう。太夫さん以外の人間が取ったり触ったりしてはいけないのは先ほど歴史民俗資料館で聞いたから知っている。

呪詛を集めた御幣。腐るまで触れてはいけない

「あれ、タニシくん。コートのフードにゴミが入ってるよ」

「おまえら行くな。」の鎌倉監督が僕に声をかける。フードに手をやると、紙くずが入っていた。

あれ、これ御幣じゃない？

なぜ御幣がフードの中に入ったのかは意味不明。とりあえず触っちゃったけど、すみませんと言ってもとの場所に戻す。


次にいざなぎ流の発祥地の一つである中尾集落の祠を訪ねる。この祠にはいざなぎ流のしめ縄に、御幣、祓い幣が収められている。祠のお世話をしている村人のおじいさんに開けてもらい、さらに、いざなぎ流の加持祈禱の様子が撮影された当時の写真を見せてもらった。

写真はとても貴重なものだったが、僕はそれよりも呪詛のことが気になっていた。

「お父さんもこうやって呪詛《すそ》を太夫さんに集めてもらってたんですね」

ピリッとした空気が流れた。五秒ほど間が空いたあとにおじいさんが口を開いた。

「すすのことか？　すすなら年の終わりにすす払いといって大掃除はするよ」

あれ……。明らかにごまかされている。そうか、この地域では呪詛のことを口にするのはタブーなのかもしれない。現地の人としゃべって、いざなぎ流の持つ力というか大きさを、ここで初めて体感した。

タニシには何が憑いているのか？

次の日、現役の太夫さんに話を聞きにいく。現在いざなぎ流の太夫は五、六人しか残っていないという。太夫さんがいたのは村の小さな食堂だった。

番組のロケだったので、北野誠さんが太夫さんにインタビューをするのだが、ここで誠さんのコミュニケーション能力に脱帽する。最初は言葉少なげだった太夫さんが、誠さんの尋ね方とリアクションに気をよくしたのか、どんどんテンションが上がっていき、目の前で御幣を切ってくれたり、門外不出の祭文まで見せてくれたのだ。そして極めつけは、

「最後、タニシ祓ってもらえないですか？」

完全台本無しのインタビューで、取材もとても困難とされるいざなぎ流の太夫さんに、僕のお祓いまでお願いしたのだ。これは完全に無茶な注文である。

「正直な話をさせてもらってよろしいですか？」

いざなぎ流の祭祀が行われた小松神社

誠さんがスイッチを入れる。

「正直に言わんと嘘になるよ」

太夫さんの返しもガチである。

「この男のうしろに悪いものが憑いてるのはまちがいないと思うんです。まちがいない。それがいったい何なのか、みてもらえませんか？」

……どうなる、この展開？

「短めでよければいいよ」

すごい！　さすが数々のロケ番組をこなしてきた大先輩である。いざなぎ流の太夫に生祈禱を承諾させた。これは超貴重映像である。

僕は太夫さんの前に背中を向けて座る。

太夫さんはお弟子さんに玄関の戸を少し開けるよう指示する。何かの通り道をつくっているようだ。

長い数珠を合わせた両手に垂らし、祈禱がはじまる。

「もにょもにょもにょもにょもにょフッ
もにょもにょもにょもにょもにょフッ
もにょもにょもにょもにょもにょフッ
もにょもにょもにょもにょもにょフッ」

かろうじて聞き取れるくらいの小さな声で太夫さんは何かをつぶやいている。そして時折、丸めた左手を口元に持っていき、フッと吹き矢のように息を飛ばす。

　これをくり返すこと約二十分。

　ここまで祈禱した見立てが正しいかどうか神様におうかがいを立てる。太夫さんは長い数珠をおでこにつけて何かを言いながら右手をジャラッとスライドさせ、数珠の玉の数を見る。これは歴史民俗資料館で聞いた、神様との答え合わせの動作だ。左手と右手の間の数珠の玉の数を確認し、奇数なら正解で、偶数なら不正解。玉の数を見た太夫さんは……首を傾げる。そしてもう一度数珠をおでこにつけて何かをつぶやいたあと右手をスライドさせ、玉の数を見る。首を傾げる……。もう一度おでこに数珠を……首を傾げる……。

　何度やっても神様からＯＫが出ない。これはつまり、僕に憑いているモノの正体がわからないということなのだろうか。そしてもう一度最初からやり直しする。

「もにょもにょもにょもにょもにょもにょフッ
もにょもにょもにょもにょもにょもにょフッ」

　数珠をおでこにつけて右手をスライド、首を傾げる。

　数珠をおでこにつけて右手をスライド、首を傾げる。

　現場に緊張感が漂う。

　誠さんが鎌倉監督に耳打ちをする。

いったいタニシには何が憑いているのか。

僕は僕でだんだんと意識が朦朧《もうろう》としてきていた。

祈禱をはじめてから三十分以上が経過している……。

「ふぅー」

太夫さんが大きな溜息をついた。ようやく祈禱が終わったようだ。

「わからん」

え!?

「あのね、おじいさんおばあさんいる?」

「いや、もういないです」

「じゃあ両親おるやろ。先祖さんに変わった亡くなり方した人おらんか聞いてみて」

変わった亡くなり方した先祖? そんな先祖がいたなんて話、家族親戚からも聞いたことがない。いや、その前に太夫さん、「わからん」って言ったよね?

あ。

いざなぎ流の祈禱はあらゆる可能性を神様におうかがいを立てて答えを出すと言っていた。もしかしてこの太夫さんは、事故物件で死んだ人たちのことは神様に聞いていないんじゃないだろうか?

変わった亡くなり方……僕が住んできた事故物件は殺人、自殺、孤独死、薬物死など、普通の亡くなり方ではない。さらに言えば頻繁に訪れる心霊スポットも、事故現場、処刑場、戦場跡、慰霊碑など、普通の亡くなり方ではない。その上、動物霊などの畜生霊までもがひっついているなんて、かつて言われたこともある。

太夫さんに僕が事故物件に住んでいること、これまでの活動などはいっさい言っていない。そもそも事故物件住みます芸人というのを説明したところで、とうてい理解しがたいだろう。

ということは「変わった亡くなり方をした先祖」というのは、何かが憑いていることは確かだが、それが誰なのか、何なのかわからないために出た言葉ではないだろうか。

憑いているのであれば、僕のうしろはいろんなものが混ざり合って何がなんだかわからない状態かもしれない。太夫さんが言っているのは、彼らのことではないだろうか。

ただ、すごいのは、答えが出なかったことだ。何回神様におうかがいを立てても数珠の玉の数が奇数にはならなかった。二分の一の確率だ。一度くらい奇数になってもおかしくないのに。

「どうも成仏してないかもよ」

そりゃたぶんしてないことでしょう。

いざなぎ流、本物だと思った。

伝説の霊能者の聖地にて確実に豹変する後輩芸人

後輩芸人のにしね・ザ・タイガーは、おでこでピアニカを吹くことができる、阪神タイガースと特撮ヒーローが大好きな元ひきこもりだ。心霊スポットに連れていくと、かなりの確率で何かを起こす。

京都の清滝トンネルでは、トンネルの真ん中でおでこピアニカを吹いてその場にいるはずのない子供たちの笑い声を響かせた。

大阪の住宅街にあるマフラーを巻いた女の子の幽霊が現れる現場では、同じくおでこピアニカを吹くと、そこにいるはずのないバイクの音が鳴り響いた。

大阪の源氏の滝では山に取り憑かれ、すごいスピードで一人で山をスイスイ登っていき、山を削った人間に怒ってた。

沖縄の喜屋武《きゃん》岬では、公衆トイレから出てきたあとに「こわい、こわい」と言いながらサトウキビの茂みに入っていき、その先は崖だった。

ある女性の弟が自殺した事故物件では、にしねの持ってきた仮面ライダーベルトが勝手に作動する様子が動画に記録された。

そして奈良の廃神社、白高大神《しらたかおおかみ》では、鳥居をくぐった瞬間から終始、この神社を修行場とした玉姫教会の巫者・中井シゲノのことをえんえんとほめたたえた。にしねはシゲノさんのことを何も知らないはずなのに。

彼はオカルトにはまったく興味がない。しかし霊的な現場に行くとなぜか何かが起きるし、何かに取り憑かれてしまう。


にしね本人は言う。

「清滝は怖かったですね。何十人もの子供の声がはっきり聞こえて。初めて心霊スポットで『怖い』って感じました。気づいたら出口まで走っ

源氏の滝で取り憑かれたように山をスタスタ登るにしね

ていたのを覚えています。

でも源氏の滝はほとんど覚えてないですね。ただ、なんか人間に対して『ひどいことするなぁ』と思った記憶はあったような気がします。山を登っていった記憶はないですね。

白高大神は全然意識あります。だって中井シゲノさん、一代であそこまで築き上げたのってすごくないですか。それに今でもきれいにお参りされたあとが残ってたじゃないですか。あれって今でも中井シゲノさんを崇拝する方々がいらっしゃるってことだと思うんですよね。あと、他の宗教って団体の維持のためにもお金の流れが必要となってくると思うんですけど、中井シゲノさんはお金よりも目の前の困ってる人のために力を使い続けたんですよね。それってなかなかできないことですよね。

え？　滝に行って防空壕に行ったあと、僕が先頭で歩き出して出口とまったくちがう方向の山を登っていったんですか？　全然覚えてないですね。え？　さらに行き止まりで突然口笛を吹いた？　僕がですか？　それも全然覚えてないですね。

白高大神入口付近ですでに目がうつろなにしね

白高大神の鳥居を出た時になんで僕が中井シゲノさんの生涯について解説しだしたかです

か？　あ、それはハッキリ覚えていますよ。まだ丑三つ時であたりは真っ暗だったのに鳥居を出た瞬間タニシさんの目の前が明るくなったんですよね。それは中井シゲノさんがあの場所で修行して目が見えるようになったから、その効果だなと思ったんですよね」

いまだに白高大神の話になると饒舌にしゃべり出す。にしねにこれほどまで影響を及ぼした中井シゲノとは、どんな人物だったんだろう。

中井シゲノの生涯

中井シゲノは「オダイ」と呼ばれる、シャーマンに近い存在だ。シャーマンとはトランス状態に入って神様や精霊や死者などと交信する人物のことだ。

白高大神は心霊スポットの噂ばかりがネットで広まっている。白高大神を信仰の場にしていた中井シゲノ本人の言葉が書籍に残されているのに、その本が品切になっていることもあって、白高大神の真実の物語はあまり知られていない。

シゲノの言葉を本に残した研究者は、アンヌ・ブッシイというフランス人の女性だ。ブッシイは一九四七年に生まれ、日本の民俗宗教研究を専門として十六年間日本に住んだ。フランス国立極東学院教授を務め、トゥールーズ大学などでも教えている。一九八三年からシゲノが亡くなる一九九一年まで取材し、一九九二年にフランスで『Les Oracles de Shirataka』

を出版。日本では『神と人のはざまに生きる―近代都市の女性巫者』（東京大学出版会）として刊行された。この本をもとに中井シゲノの生涯を紹介しよう。

明治三十六（一九〇三）年に奈良県の農村に生まれ、十三歳で母親を亡くした中井シゲノは、オダイである大叔母・ヤエの修行についていき滝行をはじめた。この大叔母がすごい霊力の持ち主で、「臨兵闘者皆陳列在前」と九字を切ると風呂の湯を沸き立たせたという。

十八歳で結婚したシゲノは二人の子供を産むが、長女の足が目に入り、二十二歳で両目を失明。約二年の入院生活のあと、大叔母によく連れていかれた滝寺に籠った。この場所が現在の「白高大神」と呼ばれる廃神社である。

シゲノの村ではよく知られた、滝寺の言い伝えがあったという。奈良時代、天武天皇は目を患った皇子を治癒するため、夢でお告げがあった滝へ行く。すると滝壺の渦から、龍神とお碗が現れた。そのお碗で滝の水をすくい、皇子の目を洗ったところ、数ヶ月後に目が見えるようになったという。天武天皇はその滝に観音像を置き、寺を建てた。それが滝寺である。滝寺の近くにある東明寺の公式サイトでは、眼病だったのは天武天皇の妻・持統天皇で、天武天皇の皇子である舎人《とねり》親王《しんのう》がこの滝の水によって、義母である持統天皇の目を治したとされている。ちなみに僕らが白高大神に行った時、にしねが出口に向かわずに登った山道のその先が、かつて滝寺があった場所である。

毎日この滝寺の「お滝」で滝行し目を洗ったところ、シゲノは見えないはずの眼前を白い狐が走り去る姿を何度も目撃する。そして三ヶ月経った頃、左目に光が戻る。喜んだ親戚たちと、大叔母の死後にオダイを継いだ弟子が、神様へのお礼として護摩を焚こうとしたが、シゲノは「護摩焚き無用」とつぶやいたあと、合掌した手を頭上にふりかざして「シラタカ！」と叫んだ。シゲノはこのことをいっさい覚えていなかったという。

その日以来、村人がシゲノのもとへ次々と押し寄せるようになる。その間もシゲノは滝行を続け、十ヶ月が経った頃に家に戻り、三人目の子供を産む。しかしその二年後、夫を交通事故で亡くしてしまう。シゲノは失明も回復も、夫を亡くしたことも、白高の神が自分をオダイにさせるために導いた運命だと思ったという。

シゲノは神を降ろした時の言葉で人々の問題を解決し、シゲノがなでると苦しみや病が癒えたという。シゲノ本人は覚えてい

率先して先頭を歩くにしね

ないが、多くの人を救った。

しかし彼女の特別な力には誹謗中傷も浴びせられた。夫を亡くした若い女性に対する世間からのさまざまな圧力もあった。村に二人のオダイがいること（大叔母の正式な後継者である弟子と自分）による後継者問題もあった。


三十一歳になったシゲノは滝行の最中に「大阪に行って紀伊の国の玉姫大神を求めよ」と白高の神のお告げを聞く。翌日、大阪のめぼしい場所を回ったはてに、現在の天王寺区にある一心寺の石段でひきつけを起こし、導かれるようにたどり着いたのが安居天神だった。そこはお告げで見た景色そのままで、本殿を通りすぎ、その先にある社を見つけると、見えないはずの右目で白い蛇を見る。そしてかすかに見える左目で「玉姫稲荷大明神」と書かれている釣り灯籠を発見する。シゲノは安居天神の宮司と会い、玉姫稲荷が紀伊の国（和歌山）からやってきたもので、今は誰も管理していないことを教えてもらう。すべてお告げの通りだった。

宮司から玉姫社を譲り受けたシゲノのもとには村にいた時よりも、年齢や性別や職業もさまざまな人々が助言を求め、病気を治してもらいに来た。すべての悩みを白高の神が明らかにするので、人々は驚き、通い詰めるようになったという。シゲノは誰とでも分け隔てなく接し、白高の前では不誠実な人間を即座に見抜いたそうだ。

戦争がはじまると、玉姫社を訪れる人はさらに増えた。戦中もシゲノは誰の頼みごとも断ることをせず、貧しい人には自分の食糧を分け与え、仕事を割り当てたという。

新たな信者がどんどん増えていったシゲノの一団は「玉姫教会」となり、昭和二十三（一九四八）年には稲荷神社の総本社・伏見稲荷大社から支部として認められ「伏見稲荷大社天王寺支部」となった。

大阪に来てからも奈良の滝寺は修行の場として頻繁に通い、神々を祀るお塚を整備し、伏見稲荷大社の承認を得て道場も建てた。シゲノは人々も認める能力を持ちながら、独立することも、教義をマニュアル化して後世へつなげていくこともしなかった。

昭和六十三（一九八八）年、滝寺のお滝でシゲノは白高の神に「オダイはあと三年。それ以上命は保証できない」とお告げを受ける。そして三年後、八十七歳で息を引き取った。

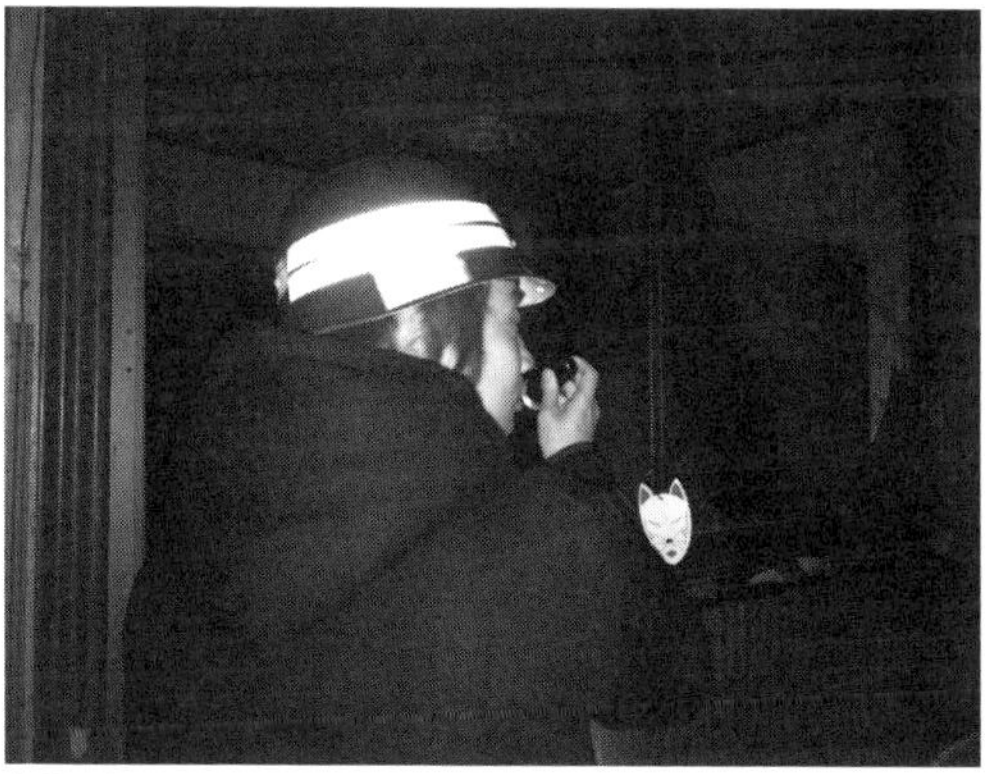
突然、中井シゲノの解説をはじめるにしね

彼女の死後、信者たちはそれぞれの事情で安居天神の境内を立ち退き、滝寺の玉姫道場を拠点として活動を続けた。しかし現在は廃墟となり、心霊スポットとして扱われるようになってしまった。それが今の白高大神である。

封鎖された鳥居での怪異

二〇一九年元日の夜、僕はニコ生の木村さんと、後輩の華井二等兵、そしてにしねと四人で京都の伏見稲荷大社へ行って生配信をする。

僕は以前ここへ来た時に不思議な体験をしている。伏見稲荷大社の奥、稲荷山を登り、四ツ辻を過ぎたあたりで前を歩いていた男性が鳥居と鳥居のすき間に入って消えた。追いかけて男性が入っていったすき間をのぞくと、そこには石碑しかなかった。

再びここに来たのは、再検証するためだった。

しかし僕らはそれ以上に不可思議な出来事を目

これから千本鳥居に入っていく三人

の当たりにすることになる。

　伏見稲荷といえば千本鳥居。鳥居のトンネルが稲荷山の頂上付近までえんえんと続く。今回は二度目ということもあり、同じルートをたどるつもりはなかった。途中で千本鳥居から脇道にそれるルートがあり、僕はそっちの方が気になった。

「そっちには行かない方がいいですよ」

　突然声をかけられてビクッとする。真うしろに警備員がいた。いつの間にそこにいたのだろう。

「そっちはイノシシが出るので危ないんです」

　自分たち以外には誰もいない深夜の伏見稲荷。脇道にそれる僕らを微動だにせず見つめる警備員。あの人、生きてる人だったんだろうか。

　その先には封鎖された鳥居があった。木材でバッテンされている。完全に中に入れない。何のためにこんなことを

木材で封鎖された玉姫大神の鳥居

しているのだろうか。あとでその時に撮った写真を見て気づいたのだが、鳥居には「玉姫大神」と書かれていた。

鳥居の横には神社があった。社務所のような建物は大げさでなく斜めになっている。拝所には「おかげ塚」と記された大きな石があり、御神酒《おみき》がお供えされている。貼り紙にはこう書かれていた。

三つの柏手　又は三・三・九度の柏手でお参り下さい

聞いたことがないお参りのしかただ。意味はわかってないけど、せっかくなので三・三・九度で柏手を打って一礼してみた。

すると突然、木村さんが撮っていたニコニコ生放送の配信動画にしましまのノイズが入る。

同時に、生配信を映していた僕のスマホの画面から映像が消え、文字だけ

三・三・九度の貼り紙

の画面になる。こんなことになったのは初めてだ。

さらに同時に、にしねのスマホに謎の警告が表示された。

「データ使用の警告」

「新しいSDカードが検出されました」

磁場がおかしくなったのか？　原因はまったくわからない。


その後、正規のルートから外れながらも稲荷山を登り、四ツ辻までたどり着く。そして目の前で男性が消えた石碑の場所まで行った。

〝ギィィィィ〟

大木と大木がこすれるような轟音が鳴り響く。

何だこの音は？　いったいどこから聞こえてくるのか。

そういえばさっきからにしねの姿が見当たらない。いつの間にか置いてけぼりにしてしまったようだ。すると後

警告画面になったにしねのスマホ

方からすごいスピードで誰かが石段を駆け上がってきた。にしねだ。笑っている。これはまずい。はじまったか。

ゼェゼェ息を切らしながら僕らを追い抜いていく。そのまましばらく石段を駆け上がり、急に止まって鳥居と鳥居のすき間にお辞儀をする。そしてまた走り出して止まり、すき間にお辞儀。そしてまた走り出し……。

いったい何をしているんだ？　こうなると検証どころではない。にしねのあとを追いかける。にしねが立ち止まってお辞儀をした場所、そこには石灯籠があった。次に止まった場所にも石灯籠があった。

どんどん先へ進むにしね。源氏の滝でスイスイと山を登っていった時のように、視界からにしねの体が小さくなっていく。

やっと追いついた時には、頂上付近、稲荷山の神蹟の一つである御劔《みつるぎ》社にかたまって祀られたお塚の一つにこうべを垂れていた。

にしねが立ち止まった玉姫大神のお塚

「お塚」とは個人個人がそれぞれ信仰する稲荷の神々の名前を石に刻み、プライベートな守護神として稲荷山に奉納して祀っている石塚群のことだ。にしねの前にあるお塚には「玉姫大神」と書かれていた。

ここまでたどり着く前に木材でバッテンに封鎖された鳥居のことを覚えているだろうか。その鳥居にも「玉姫大神」の文字は書かれていた。

そう、玉姫大神は、中井シゲノの守り神の名である。

しばらくうつむいたままだったにしねは、頭を上げたかと思うと自分のスマホの画面を見て笑い出した。

「データローミングオン　ローミングエリアが検出されました。データローミングをオンにしますか？　これにはローミング料金がかかります」

画面上にはこれらのメッセージが表示されていた。データローミングとは、海外などで携帯電話を使用する際、現地の会社の電波を利用できる仕組みのことだ。僕のように機械音痴

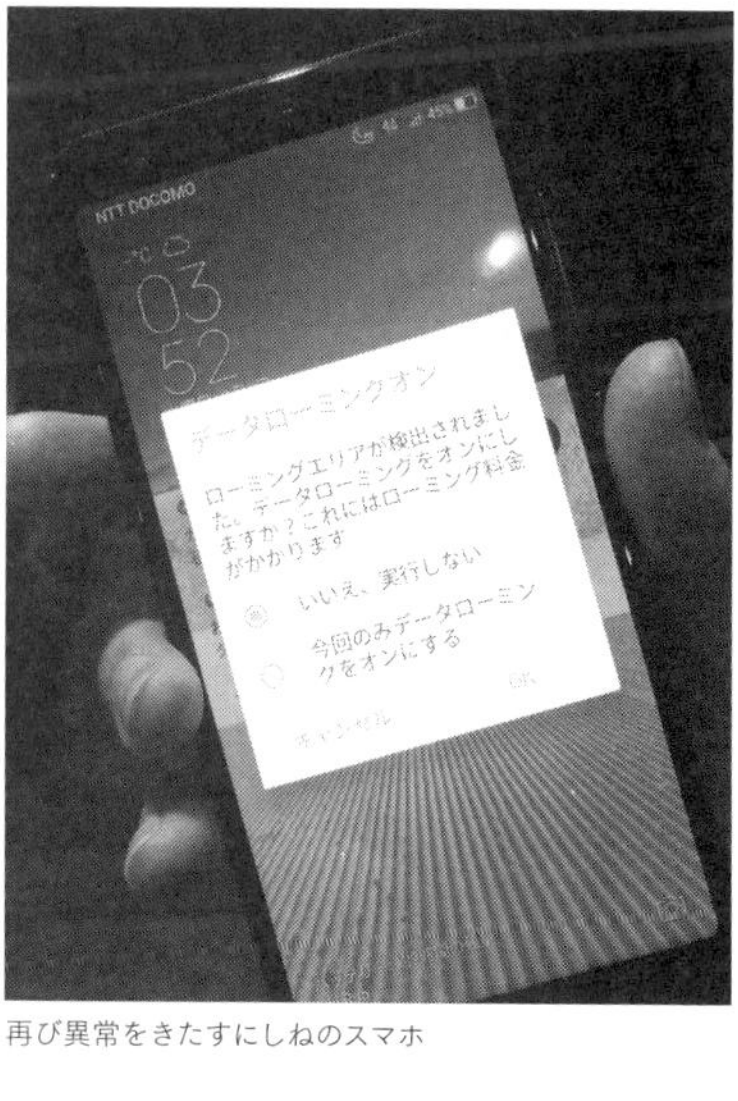

再び異常をきたすにしねのスマホ

の人間だと、海外に行った時に初めて目にした文字として記憶に残っている。しかしなぜ、日本の京都の稲荷山で、にしねのスマホにデータローミングがどうのこうのと表示されるのか？

そういえば、封鎖された玉姫大神の鳥居のあと、おかげ塚で三・三・九度の柏手を打ったあたりから僕を含め木村さんとにしねのスマホに謎の障害が発生した。にしねのスマホには「新しいＳＤカードが検出されました」という謎のメッセージが表示されていた。

もしかしたらあのあたりから、にしねはもうにしねではなくなっていたのかもしれない。そしてもう一度発生した玉姫大神の前での電波障害で、おそらくにしねはもとのにしねに戻ったのだろう。

帰り道、にしねは徐々に意識を取り戻していった。

なぜ、にしねに憑依現象が起きるのか

伏見稲荷大社での一連の奇行について、にしねは相変わらず肝心なところを覚えていないようだった。

「なんか突然スマホに警告のメッセージが入ってきたのは覚えています。でも僕が走り出して石灯籠にお辞儀していったなんてのは、まったく覚えてないですね。タニシさんが何か

のインタビュー記事でそのことを言ってて、正直、何の話をしてんのかなと思ってました。玉姫大神のことも記憶にないです」

　まず一つ目の玉姫大神の鳥居付近で僕と木村さんのスマホにも謎の障害が発生していたことから、おそらく何かしらの電波なのか磁気なのか霊気なのかがそこにあったのだろう。それをにしねだけは、白高大神での彼がそうだったように、体の中に取り込んだ。そしてこの電波のようなものはにしねを、稲荷山頂上付近の二つ目の玉姫大神まで導いた。

千本鳥居を駆け上がるにしね

　白高の神は中井シゲノに降りてから、彼女に玉姫の神を紹介している。
　シゲノによれば「守護神」とは、一生涯その身について離れないものであり、滝寺のお滝で降り立った白高の神こそ、彼女にとっての「守護神」なのだそうだ。
　そして「守り神」とは家および土地を守るものであり、シゲノにとっては玉姫の神が家族と子どもを守る「守り神」である。白高のお告げの通り彼女は大阪まで行って玉姫の神を見つけ出すことで、軋轢《あつれき》から脱し、子供たちと生きていくことができた。ちなみに玉姫は長い髪をした長袖の紫の着物を召した乙女であるとのこと。

白高大神で何かがにしねの体に影響を及ぼし、にしねに中井シゲノを語らせた。そして、にしねは何らかの力によって玉姫にも導かれたのではないか。

玉姫教会が伏見稲荷大社の支部で、オダイにとって稲荷山こそ聖地であり、重要な修行場でもあることを僕が知ったのも、にしねの奇行があったからである。

なぜ、にしねにはこのような憑依現象が起きるのか。

にしねはにしね自身についてどう分析しているのだろう？

「僕は、自分の核となるものがないんです。面白いと思えるものがない。なんていうか、リズムだけで生きているような。たとえばよく舞台でやる野球選手の替え歌のネタでいうなら、僕が面白いのじゃなくて、それは野球選手がすごいから成り立つわけで。特撮ヒーローのネタも、特撮ヒーローが素晴らしいだけであって」

すなわち「自分がない」ということか。

「もともと僕は自分が面白いと思って芸人になったわけじゃないんです。自分が一番面白くないと思いながら松竹芸能に入ってます。僕は僕発信で何かができるわけでもない。特に目の前でよく見てるタニシさんのしゃべり方とか、タニシさんの人との接し方とかを、なんとなくリズムだけ真似しているだけでして。それをどうやら周りに受け入れてもらっているというだけで、根本は何もできない。逆に言うとよくやっている方だと自分で思います。僕はマイナスなんです、全部が。だから自分がやりたいことをやれているというだけで今は全然幸せです」

　中学生の時に突然、対人恐怖症に陥り、高校に行かずひきこもっていたにしねは、自己評価が低い。そして欲がない。

　このことが憑依されやすい、されにくいことに関係があるような気がした。

心霊が好きなわけではないのに呼ばれたら駆けつけるにしねと華井

　中井シゲノの考えではオダイは一生涯、その身について離れない守護神と一緒に過ごし、死後はその体がどんなところへ行くにしても、その魂は守護神と結ばれたままであるという。

「自分が死んだら亡骸《なきがら》は夫の家の墓に、魂は白高と共にお滝へ向かうでしょう。私の後を継ぐ人もいないようですから白高さんも私と共にお滝へ戻られるでしょう」

シゲノはブッシイのインタビューにそう答えていた。

オダイとは「お代」もしくは「お台」で、神の依代となって神の声を伝える人とされる。シゲノはオダイとして、自身を教義で飾ることをせず、子供の頃に見た大叔母のやっていた修行を見よう見まねで行うことと、ただひたすらに守護神である白高の言うことを守るのみであったそうだ。

それでもシゲノの元に人々が集まったのは、シゲノが告げる言葉が真実だったからだろう。目の前で起きているシゲノの憑依と言葉に引き寄せられたのだろう。

シゲノは自分の行動の根拠は「白高の命令」と言っていたそうだが、それは意識や個性を空にして、空洞になれる能力ともいえる。それは彼女が「子供たちと生きていく」以上の欲を持たなかったからこそ保つことができたのではないか。


もしかすると僕の異界巡りについてくる時のにしねも空洞のようになっていたのかもしれない。

「心霊スポットに連れていってもらってる時は、正直、タニシさんとか華井さんとか年上の兄ちゃんたちに遊んでもらってるような感覚ですね」

オカルトにそもそも興味がないにしねには、オカルトで自分を売ってやろうという欲がない。そして彼にはもともと自分の核となるものがない。にしねの体は、もはや器なのではないか。その器がどうやら楽しんでいるようである。これは憑依現象におけるトランス状態へ向かう前段階なのではないだろうか。

中井シゲノの魂と白高の魂は白高大神のお滝にある。僕らはそこへ行き、器のようなにしねの中に何かが入り込む。さらに伏見稲荷でもにしねの中に何かが入り込む。あるいは何かに導かれたのか。そんなことを想像すると、正直ワクワクしてしまう。

実際のところはわからないし、ただのこじつけかもしれない。

ただ、にしねのおかげで中井シゲノという神と人間の間に生きたオダイの生きざまを知ることができた。そして僕は今そのことについて書いている。これももしかすると、何かの力が働いて僕に中井シゲノを語らせているということなのかもしれない。

自殺の名所に行っても自殺者の気持ちがわからない

崖崖。

崖崖。人崖崖。

崖崖。

崖崖。

崖崖。

人。

崖崖。

崖崖。

崖崖。

―――――――――――人。


崖崖。

崖崖。

崖崖。

――――――――――――――――――――――――――――――――――――――人波。


これが東尋坊。致死率七〇%。


崖崖。

崖崖。

崖崖。

―――――――――――――――――――――――――――――――――人崖崖崖崖崖崖。


これは三段壁。海ではなく、高い崖から低い崖へ落ちる場合、致死率一〇〇%。

今まで数々の崖に行ってきた。
二〇一七年五月、沖縄県喜屋武岬。
二〇一八年三月、和歌山県三段壁。
二〇一八年四月、静岡県城ヶ崎海岸。
二〇一九年六月、島根県日御碕。
二〇一九年九月、福井県東尋坊。
二〇一九年十一月、長崎県壱岐島左京鼻。
もっとも怖かったというか危なかったのは壱岐島の左京鼻だ。

江戸時代のはじめ、壱岐島に全然雨が降らず、人々が苦しんでいたところに陰陽師の後藤左京と龍蔵寺五世日峰和尚が必死に雨乞いの祈禱をするものの、さっぱり雨は降らない。そこで左京はもうこの断崖から身を投げようと、そして日峰和尚は焼身自殺をしようとした時、大雨が降ったという。それでこの岬を左京鼻と呼ぶようになった。このへんの岬のことはだいたい「鼻」というらしい。

左京鼻の高さは約二〇メートル。しかし恐ろしいのは高さではない。芝生だ。

ここは緩やかな傾斜が続く芝生の岬で、突然、崖が現れる。落ちるところまで草が生えて

真夜中の和歌山・三段壁は誰もいないのに立入禁止のアナウンスが鳴り続けていた

いるため、どこから崖かわからない。芝生 or death。しかも僕は真夜中に行ったので灯りはいっさいない。懐中電灯が照らす、安全に見える芝生の向こう側がもう死。芝生は「死」の「ばふ」だ。

壱岐島にはだいたい柵がない。左京鼻以外にも気がついたら死んでるようなスポットが山ほどある。コンクリートやベンチだけが身の安全を保障する。ここでは人間がつくったものしか信じられない。

バーにやってきた二人連れ

崖界でもっともメジャーなはずの東尋坊はどうだったかというと、実はそんなに印象は強くない。あまりにも有名なので期待しすぎたのかもしれない。

東尋坊の高さは約二五メートル。意外と低い。高いけど。

他の崖とくらべてみると、

三段壁は高さ約五〇メートル
日御碕は高さ約二〇メートル
城ヶ崎海岸も高さ約二〇メートル
喜屋武岬は高さ約三〇メートル

高さなら三段壁が最も絶望感がある。

ただ、なんだかんだ言っても東尋坊は多くの人が知る自殺の名所だ。

「ここがあの東尋坊かぁ……」

そうやって感慨にふける空気感がある。だからこそ人生最後の地として遠方から人が集まる。これがメジャーの強みなのだ。

沖縄・喜屋武岬ではにしねが取り憑かれて崖から落ちそうになった

二〇一九年九月十二日、ＪＲ新大阪駅からひとりサンダーバードで福井駅へ。そこからえちぜん鉄道三国芦原線に乗って終点の三国港駅で下車。

この駅には「交友ノート」と表紙に書かれたノートがある。誰でも書いていいノートだ。

「じじんちたのしみ！」

「すっきりしたか…これで…

ストーカーやって…犯罪者やっておれ…

これも言われたらつかまるんやろな…全部おれが悪いんやろな…何がしたいんかなおれ…

もうわからん

つかまりたくはないからもう大丈夫やよ…安心して…気にもしてないやろうけど…

こんなに嫌って思ってたなんて最後の最後まで分からなかった…

今さらやし、なんも意味もないけどごめんね…

本当に元気で幸せにね…」

「傷心旅行で来ましたが、もう少し、美しいものを見ておきたいな、と思いました」

「ストーカーのあなたへ

大丈夫？　生きてますか？　こちらはハッピーです」

「古希になった男です。妻とは家庭内別居中です。

冷えた仲　だけど食事は　あたたかい」

「今からとうじんぼうにいくね」

「早まるな！」

などなど。届かない想いが詰まっていて切ないというか、なんだろうなこの感じ。さすがメジャー、全国各地からさまざまな事情が集まる。

三国港駅から東尋坊までは徒歩で約三十分。まだ夜の八時半。東尋坊で一晩過ごすつもりで来たので、途中のダイニングバーで少し時間を潰す。

「YouTuber の方ですか?」

スマホに三脚をつけて持っていたので、若いマスターは僕を YouTuber と思ったみたいだ。確かにやってることはほとんど変わらない。

「十年前くらいですかね、店で従業員の誕生会をやってたら、二人お客さんが入ってきて、一緒に飲むことになりまして。あとから聞いたら、そのうちの一人の方が東尋坊で死ぬつもりだったようで、もう一人の方が見届け人だったみたいです。後日ミクシィに『ありがとうございました』ってメッセージが来てたんで、大丈夫だったと思うんですけど」

マスターはそんなエピソードを話してくれた。

「あとはこのへんの民宿は一人だと泊めないのがあるあるですね。一人でいいですか? と言われたら断るみたいです」

「いのちの電話」をかけてみる

日付が変わる少し前に東尋坊に到着。

なぜここに来たのか。明確な理由は思い出せない。ただ、あまりにも有名な自殺の名所に僕はまだ行っていない、それだけだったような気もするが……。

東尋坊へ来た理由。改めて考える。

・心霊スポット生配信をする
・ドラクエウォークをする
・なぜここで自殺するのかを知りたい
・恐怖に慣れてしまった自分の確認
・メジャーだからといって避けない

「心霊スポット配信をする」は、もはや口実にすぎない。幽霊が映るかどうかなんて、ほとんど期待はしていない。映ったら映ったで、もちろん俄然興味は湧くのだけれども。

　幽霊や怪奇現象よりも確かなものと出会うため。そこへ行かないと手に入らないものを得るため。そうだ、そこへ行って自分が何を思うかを知るのが目的だ。

今自分が立っている崖より、隣の崖は高く見える

「ドラクエウォーク」は、ちょうどこの日に配信開始された位置情報を利用したスマホアプリゲームだ。スマホを持って外に出て遊ぶゲームとして実際に冒険しているような感覚を味わうことができるゲームである。

東尋坊では以前、同じくスマホアプリゲームの「ポケモンGO」でレアポケモンが出現するという情報が流れ、ポケモントレーナーたちが東尋坊に押し寄せた。そのせいでというか、そのおかげで、レアポケモンを探す人たちが奇《く》しくも自殺者の監視の役割もはたしてしまうことになり、自殺者が減ったというニュースがあった。

ということはこの「ドラクエウォーク」も東尋坊に行けば何か特典があるんじゃないかと思ったのだ。実際プレイしてみると、「ランドマーク」という、そこに行けばお楽しみイベントが発生する場所として東尋坊が設定されていた。もしかしたら「ドラクエウォーク」も自殺抑止にひと役買っているのかも。

東尋坊には「いのちの電話」や「救いの電話」と呼ばれる電話ボックスがある。自殺志願者の最後の砦として、この電話ボックスは存在する。死ぬ覚悟の人間のほとんどは財布も持ってきていない。しかし命を絶つすんでのところで生への欲求が勝り、誰かに話を聞いてもらいたい人がいる。そんな人

この電話ボックスは「救いの電話２号」。「救いの電話１号」はもっと奥の人目につきにくい場所にある

のために電話ボックスには十円玉が何枚か常に置かれている。
僕は電話が使えるかどうかを試したくて、華井二等兵に電話をした。しかしすぐ切れた。もう一度十円玉（自分の）を入れて電話する。

〝ガチャ〟

「もしもし」

〝プー、プー、プー、プー〟

華井、電話に出たけどすぐ切れる。十円玉、短い。

もしかしたら電話ボックスに書かれているNGO月光仮面さん（東尋坊のパトロールや、自殺志願者の相談、サポートを担うボランティアの方）の番号に電話したらもっと長くしゃべれるのかもしれないが、もし友人や家族の携帯に電話しようとして十円玉を入れてすぐに切れてしまったら、よけい死にたくなるような気がする。なので百円玉を置いておく方がいいような気も

「救いの電話１号」の中。10 円玉が常備されている

したけど、そうすると盗まれちゃうのかな……。テレホンカードとかどうだろう。あ、テレホンカード置いてあった。よかった。

いよいよ崖に行く。真夜中の崖、危ないのは承知の上だ。決して無理はしない。落ちないように、でもできるだけ先端に近づいて……。

あれ。なんでだ。

こんなにも何も感じないものか。

そうだ、僕には死ぬつもりがないのだ。

死ぬつもりのない人間にとって、東尋坊はただの崖でしかない。だから恐怖度でいえばより高さのある三段壁や、油断したら死ぬ確率が高い左京鼻のほうが怖いのだ。僕は死にたくないと思ってるから。

名勝東尋坊石碑

僕は今まで死にたいと思ったことはない。

だけど、生き続けなければならないのかと絶望したことは一度だけある。

それは八歳の頃、トイレで自分の指を自分の意思で動かしていることに気づいた時だ。自分はこれを一生やり続けないといけないのか……そう思ったら途方もなくてゾッとした記憶。自分の意思で生き続けなければいけないということは、あの時の僕には怖かった。

死のうとする人の気持ちはわからない。だけど自分が死のうとしていないことだけは、よくわかった。

いちおう崖の上で「ドラクエウォーク」もやってみた。確かにランドマークとして東尋坊は表示された。しかしここからその位置に移動しようと思ったら、真っ暗な崖の上をさらに歩かなければならない。僕はそっとスマホの画面を閉じた。

「大池」と呼ばれる特に自殺が多いポイント。自殺の成功率は70%だそうだ

原稿の締切守れずリアル島流し流刑の島とキリシタン島で執筆

島。それは憧れ。未知の世界。

二〇一九年と二〇二〇年は島に行きたい欲求「島欲」に取り憑かれていた。

わざわざ船に乗らないと行けない場所。海を挟んだ向こう側。僕にとっては、生きている限り永遠に地続きである社会から隔絶された空間。それが島。

島はなるべく小さい方がいい。その島特有の独特の文化があれば、なおいい。驚かしておくれ、常識を壊しておくれ、新しい世界を見せておくれ。

そんな期待を持って敢行した島巡り。ここで紹介する島はすべて、行ってみるまで存在すら知らなかった島たちだ。

罰として流刑の島へ

瀬戸内海の日生《ひなせ》諸島の一つである鹿久居《かくい》島は、岡山県で一番大きな島だが、ほとんどが山なので島内を走る道路はわずかしかない。

名前の由来はとにかくシカが多いから。「鹿」が「久」しく「居」るから「鹿久居島」。本土と鹿久居島をつなぐ「備前♡日生大橋」（♡は読んでも読まなくていいそうだ）にはタヌキとシカに向けて「往来禁止」と書かれた看板が立てられている。しかしそれでもシカが橋を渡っている姿がたびたび目撃されているという。困ったもんだ。

二〇一九年四月三十日、僕は鹿久居島に来た。二冊目の単行本『異界探訪記　恐い旅』を締切までに執筆できなかったため、番組の企画で島流しにされたからだ。瀬戸内海の流刑の地に行って、原稿が書き上がるまで大阪に戻ってこられないという企画。

そう、鹿久居島は流刑の島なのである。

江戸時代の一六九八年から一七一〇年までの十二年間、岡山藩の流刑地となった。本来は罪人たちに島内を開墾をさせる計画だったようだが、土地が悪かったせいで開墾が進まず、やがて流刑場としては使用されなくなり、生類憐みの令で増えすぎた犬が連れてこられたりもしたという。

この島の南東には「首切島」という小さな無人島がある。ここには改心しなかった重罪人が打ち首にされるために連れてこられた。首を切るためだけの島、だから首切島。

僕は本当はこの首切島に行きたかった。処刑されるためだけの島。ここで執筆の最後を迎えられたらドラマチックでいいなぁなんて思っていたのだ。

首切島の対岸には縄文時代の生活を体験できる宿泊施設があり、そこでカヌー体験講座を受ければ、そのまま首切島に上陸できるという。

僕はその施設まで行ってカヌー体験講座を受け、首切島上陸チャレンジを敢行したのだが、潮の流れの速さにおじけづき、泣く泣くあきらめたのだった。

首切島

結局、鹿久居島内で執筆できる場所を探す。しかしこの島は本当に何もない。さらに雨も降ってきた。こんな状況では執筆どころではない。
雨をしのげそうな唯一の場所が島の中心部にあった。鹿久居神社。由緒は不明。
僕はその社殿の軒下で雨をしのぎながら、スマホで原稿をちまちまと打ちつつ、平成と令和が切り替わる瞬間を流刑地の暗闇の中で迎えた。社殿の壁を這うムカデが少しずつ近づいてくるのが、ただただ恐ろしかった。

無人島で耳を噛まれる

二〇一九年五月一日、鹿久居島で令和を迎えたあと、その少し南にある小さな島、鶴島に移動する。

ここはキリシタンの弾圧が行われた島で、現在は無人島である。

無人島とはいえ鶴島には所有者が存在するので、連絡を取ってみた。

所有者さんは、勝手に島に上陸しゴミを放置して帰る人たちが最近いて困っている様子だった。あと近頃は世の中に思いやりが失われてると憂いていた。自分のことしか考えない人が多くなっていると。せっかく鶴島に来るのであれば、この島がどんな歴史を持ち、どんな想いでキリシタンの人々が亡くなっていったかを知ってほしい、とのことだった。

なるほど。そういえばキリシタン弾圧について僕はあまりよく知らない。ただ、今は原稿

鹿久居神社

をしあげないといけない。おいおい調べることとしよう。

鶴島は鹿久居島から五〇〇メートルほどの位置にあるのだが、残念ながら鹿久居島からは行けない。わざわざ本土まで戻って、日生駅近くのフェリー乗り場から船で移動しなければならないのだ。なんとか海上タクシーに乗り、さっきまでいた鹿久居島を横切り、上陸できなかった首切島を横切って、午後三時に鶴島上陸。

海岸にはバーベキューの跡があった。空き瓶の山も。これが所有者さんが言っていたゴミのことか。

ん？　骨がある。動物の骨だ。何の骨だろう、シカかイノシシか。けっこうあちらこちらに散らばっている。気持ち悪い。

そういえば今、自分は一人で無人島にいる。この島には自分以外誰もいない。なんだろうこの感じ。人類で自分だけが生き残ってしまったような、世界の終わりのようなこの感じ。

他に誰もいないので大きな荷物を海岸のベンチに置き、軽装になって山道を少し登る。中腹あたりに多少雨もしのげて電波の入る木陰があったので、そこに寝袋を敷いて陣地にする。

鶴島の山道。ここで寝袋にくるまりながら執筆していた

しばらく寝袋にくるまりながらスマホで執筆するが、日も暮れて真っ暗闇になるとさすがに心細くなる。もう一つのスマホで生配信をはじめ、視聴者に見守ってもらいつつ執筆を続ける。しかし次第にウトウトしだして、寝袋の中、意識朦朧となっていく。これが真冬だったり大雨だったりで寝袋も持ってなかったなら、確実に体調を崩すか、最悪死ぬんだろうなと思う。

〝ガリッ〟

耳元から脳内に響く嫌な音で目が覚める。

痛い。

耳を何かに噛まれた。こんな山道の途中で寝ていたら、頭の下がすぐ土だ。確かに何がいてもおかしくない。懐中電灯で地面を照らす。何かしらの生き物が蠢《うごめ》いていた。恐ろしい。これは眠れない。雨よりも寒さよりも、今、一番怖いのは虫だ。朝までほぼ蹲踞《そんきょ》の体勢をとりながら、気合いで起き抜き執筆する。

疲れと眠気がピークに達した頃、ようやく夜が明ける。

キリシタン遺跡のマリア像

少し身体を動かそうと思い、山道の奥へ移動する。

しばらく歩くと少し開けた丘が現れ、点在するやや大きめの石と、十字架と、マリア像が視界に飛び込んできた。これがキリシタン遺跡か。


明治政府のキリシタン禁令により、長崎県浦上キリシタン117名が明治3年10月から同6年4月までの2年間鶴島に流罪された。彼らはこの間、鶴島開拓に従事し、労働と迫害の中で改宗を迫られた。

改宗の祠は、週一回彼らをこの祠の前に集め、神官による説教をおこなった場所である。

この島で死亡した18名の墓が建てられている。


看板には鶴島でのキリシタン迫害の説明が書かれていた。執筆作業もゴールが見えてきたところ、ここへきてようやく鶴島自体に興味が湧く。

このやや大きめの石は、殉教者十八名の墓だ。石の前には花立のような瓶がそれぞれ転がっている。どうやら年に何度かカトリック教会の人々が鶴島を巡礼しているみたいだ。

十字架の横には「長崎浦上四番崩れの墓地」と書かれた棒が立っている。浦上四番崩れって何だ？

江戸時代、幕府はキリスト教を禁止する禁教令を出していた。「崩れ」とは江戸時代に起きた検挙事件のことを指す。

一八六七年、長崎の浦上村の村民たちが仏教の葬儀を拒否し、隠し続けていたキリスト教信仰を表明する。これをきっかけに江戸幕府は彼らを捕らえて拷問し改宗を迫った。そのあとすぐに江戸幕府は崩壊するが、明治政府はキリスト教禁止政策を引き継ぎ、あとをたたず信仰を表明する信徒たちを西日本各地に分散して流罪にした。それが「浦上四番崩れ」である。

つまり鶴島にいたキリシタンたちは、浦上四番崩れにより連れてこられた人たちだ。

丘をさらに上に登ると、祠があった。これがどうやら改宗の祠のようだ。キリシタンたちはこの祠の前で役人に改宗を迫られる。すでに改宗した仲間からの説得も受ける。中には松の木に縛りつけられ、鞭を打たれても改宗しなかった人もいたそうだ。

改宗の祠

反対側に下りると、海岸手前に廃墟が現れる。民宿の廃墟のようだ。かつては少しの間、観光地だったようだ。僕は廃墟の横の岩場に腰かけ、岸壁に漂うエチゼンクラゲ（たぶん）を眺めながら執筆を再開した。

午後三時、なんとかノルマを達成。鼻のてっぺんを真っ赤に日焼けさせながら、安堵の息をつく。

荒らされた荷物

帰りの海上タクシーに連絡を入れ、キリシタン遺跡を横切り船着き場へ戻る。しかしそこに待ち受けていたのは驚愕の光景だった。

海岸のベンチに置きっぱなしにしていた荷物が荒らされていた。荷物の中にある袋という袋すべてを破られ、中身をひっくり返されている。なんということだ。僕以外にもこの島には人がいたのか？　うかつだった。山で執筆している間に誰かが上陸してきたのだろうか。せっかく持ってきたお菓子も袋の真ん中から破られ中身がない。おいちょっとまて、ボラギノールまでが真ん中から開けられて食べられている。痔の薬だぞ。そんなもの食べる人間なんて……とにかく僕は変な汗をかきはじめたのでカバンからギャツビーのボディーペーパーを取り出して汗をふこうとした。その時。

〝バシッ〟

痛い。なんだ？　あ、鳥だ！　鳥がギャツビーのボディーペーパーを獲ろうと襲いかかってきたのだ。

ということは荷物を荒らした犯人というのも……鳥か。

自然は恐ろしい。想定外の敵がいる。注意すべきは地面だけではなかった。空もだった。

キリシタンたちの「旅」

長崎県北部の北松浦半島の南西沖合にある黒島は、佐世保の名勝、二百八もある群島・九十九島の中でもっとも大きい。そして何より、世界遺産にもなった「潜伏キリシタン」の住む島だ。

二〇二〇年一月三十日、関西国際空港から飛行機に乗って昼二時前に長崎空港着。そこから乗り合いジャンボタクシーに乗って佐世保駅へ。佐世保駅から松浦鉄道に乗り換えて相浦駅で降り、この時点で四時四十五分。夕方五時の出港時間までわずか十五分しかないので相浦港までダッシュ。駅から港までが意外と遠くて焦った。なんとか間に合い、フェリーに乗って五〇分、黒島到着。

鶴島では結局キリシタンのことはあまりよくわからなかった。島で一日過ごしてみて、この環境で労働させられ、拷問を受け、辛かっただろうなというのはなんとなくわかる。しかし、なぜ拷問を受けてまで改宗をしなかったのか、流刑されてまで信仰を貫くのかが僕にはわからなかった。鶴島は執筆がメインだったし。

長崎に行けばキリシタンってどういう人たちなのか、少しでもわかるかもしれない。でもどうせ行くなら僕が聞いたことのない島がいい。そんな理由でたまたま見つけた黒島へ来てみたのである。

その日は旅館に泊まり、翌日、ガイドのおじいさんに黒島を案内してもらう。

まずは黒島天主堂へ。

禁教の時代にも根強く信仰を守っていた黒島の人たちが信仰の証として建てたのが黒島天主堂。国の重要文化財でもある。

残念ながらこの時は工事中で中には入れなかった。そのかわりに、隣にある礼拝所に入れてもらう。

中には電光掲示板があって、「テ」と「十」と「カ」の文字と数字が点灯するようになっている。「テ」がつくと典礼聖歌、「十」がつくと祈りの本、「カ」がつくとカトリック聖典の、それぞれ何ページを開いてくださいということみたいだ。画期的。

黒島では島民の八割がカトリック教徒だといい、ガイドのおじいさんもその一人である。しかもフランシスコという洗礼名があるみたいだ。カッコいい。

続いてカトリック共同墓地を案内してもらう。十字架の墓石が数多く並ぶ光景は、この島がキリシタンの島であることを再確認させる。そしてここにはマルマン神父の墓がある。

マルマン神父は黒島天主堂を設計した人だ。最初は信者の家をミサ会場にしていたが、後に木造の教会ができた。そしてマルマン神父は「もっと本格的な教会を作ろう」と言って、黒島天主堂が完成する。この黒島天主堂の前の「木造の教会」の前の「信者の家」ってのが、信仰復活の地・出口家である。この家は黒島で最初にミサが行われた場所だ。

長崎各地でこっそり信仰を続けていたキリシタンたちは、禁教令の中、迫害があまり厳しくない黒島に移り住むようになり、約八十年もの間、仏教徒を装いながら活動を続けていた。

マルマン神父ら宣教師の墓

一八六四年、フランス人の礼拝堂として長崎に大浦天主堂が建てられ、翌年に浦上村の潜伏キリシタン十数名がやって来る。そして堂内にいたプティジャン神父に、カトリック教徒であることを告白。禁教令の中、約二百三十年間も信仰を絶やさなかった日本人がいたという事実は「信徒発見」と呼ばれ、ヨーロッパで大ニュースとなる。その噂を耳にした黒島の潜伏キリシタンたちは、出口親子ら二十人が信徒代表として命がけでこっそり長崎に渡った。そして宣教師に、黒島に六百人の信徒がいることを報告。その後もたびたび黒島から長崎に渡り、宣教師たちも変装してこっそり黒島を訪れるようになる。

そして一八七二年、出口さんの家を仮の教会として、黒島で初めてのミサが行われた。なのでこの出口家が「信仰復活の地」であるのだ。ちなみに浦上四番崩れは一八六七年に起きている。

海外からの圧力もあって禁教令が解かれるのが一八七三年。黒島のキリシタンたちは全然見つかったらまだヤバい時期に、堂々とミサをやっちゃっているのだ。

黒島で初めてミサが行われた信仰復活の地・出口家の庭

次は興禅寺に行く。

潜伏キリシタンたちは、すぐ近くの役所でキリストや聖母マリアの像を踏ませてキリシタンでないか確かめる「踏み絵」が行われている中、興禅寺の檀家になった。しかし曹洞宗の仏教徒を装いつつ、本尊の仏像の袖の下に隠されていたマリア観音像を拝んでいたのだ。

最後に黒嶋神社へ。

一八七二年、黒嶋神社で神武天皇を祀る祭礼を行った際、ある集落の人がほとんど参加しなかったことがわかった。その数は約千人と報告され、全員がキリスト教に入信していたことが発覚。しかし当時の長崎県庁が穏便に済ませるように指示したことから、大きな弾圧につながることは免れた。長崎県庁優しい。

ガイドのおじいさんから、最近イノシシが泳いで黒島までやって来るという話を聞かせてもらったあと、お別れした。キリシタンとは関係ないけどイノシシすごいな。

これだけ巡ってやっといろいろわかってきた。

十九世紀、長崎の各地にいた一部の潜伏キリシタンが、黒島再開発を目的とする幕府の奨励に応じて移住。表向きは仏教寺院でマリア観音に祈りを捧げながら、ひそかに共同体を維持する。信徒発見のニュースを聞いて自分たちも信仰を表明するものの、あまり表沙汰にはならず、ほどなく禁教令が解けたので堂々と島の中心部に教会堂を建て、今に至る。
鶴島のキリシタンたちは正直だからこそ弾圧され、黒島のキリシタンたちは正直であるために弾圧されないよう工夫し、さらに運が良かったのだろう。

そういやなんで黒島のキリシタンは「かくれキリシタン」ではなく「潜伏キリシタン」と呼ばれているのだろうか。

二〇一八年に登録された世界遺産も「長崎と天草地方の潜伏キリシタン関連遺産」としてであり、黒島の集落も含まれている。

禁教の時代を表向きは仏教徒として、または独特の祭祀儀礼を行って、こっそりキリスト教を信仰し、禁教が解かれた時にカトリックに復帰した信者を「潜伏キリシタン」。一方で解禁後もカトリックに復帰せずに独特な祭祀儀礼を続けている人を「かくれキリシタン」と呼びわけているらしい。

つまり「潜伏キリシタン」はずっとカトリックで、「かくれキリシタン」はカトリックだったはずが、いつのまにかカトリックに由来する独自の宗教を信仰するようになった人たちなのだ。もはや隠れてもいない。ややこしい。

この潜伏キリシタンとかくれキリシタンで、もめた地域があるそうだ。信徒発見後のまだ禁教令が解けていない幕末、潜伏キリシタンがいた外海地区に、大浦天主堂からプティジャン神父がやってきて、多くの潜伏キリシタンが信仰を公にした。しかし禁教令を気にして信仰の表明に反対した人たちもいた。結局彼らはかくれキリシタンとしていままでの信仰を続け、カトリックに復帰しなかったそうだ。

いろんな理由がある。先祖代々続けてきた信仰は、ご先祖様に対する信仰であり、キリストに対してではないという人もいたらしい。

なるほど、全部ごもっともだ。

信じるものの信じ方のちがいで争いが生まれる。良かれと思ったことが別の人には良いと思われなかったり、わずかな価値観のズレで人は人を憎んでしまう。信じるってなんだろう。

信じる者は救われる、なんていう言葉がある。

浦上四番崩れで流罪にされた浦上キリシタンたちは、この過酷な運命を「旅」と呼び、この話を「旅の話」として語り継いでいるという。

旅か。

信じるものがない人にとっては何を旅とすればいいのだろう。

僕の島巡りはまだ続く。

絶望と希望が同居する廃墟の島には猫がいっぱい

二〇二〇年一月三十一日、黒島を出て相浦港へ戻り、相浦駅から佐世保駅へ、そして佐世保港からその日のうちに池島に到着した。

池島は西彼杵《にしそのぎ》半島の西沖合に浮かぶ小さな島で、かつては炭鉱の島として栄え、最盛期には約八千人が生活を送っていたマンション群が現在も多く残されており、その景観から第二の軍艦島といわれるようになった。

池島炭鉱は昭和三十四（一九五九）年から炭鉱の営業が開始されたが、鉱山内での事故が相次いだり、安価な海外の石炭が輸入されるようになり二〇〇一年に閉山となる。

島内は奥へ進むと七十棟以上もあるマンション群が現れ、ほぼすべて廃墟だが一部まだ人が住んでいる棟があるという。現在は人口百二十人ほどだ。

船着き場周辺にも集合住宅が何棟か立ち並んでいる。不思議な光景だ。

船を降りると広場があって、ヤギと猫が出迎えてくれる。広場の周りは団地で、少し歩くと工場萌えなドデカい炭鉱の廃墟が姿を現す。

宿泊先は島の真ん中にある中央会館だ。講堂には池島の歴史を解説したパネルが展示されている。荷物を置いて少し探索をする。

中央会館から島の奥側へ進むと、島で唯一の信号がある。その横には学校があった。小学校と中学校が一緒になって小中学校になっていた。校門には「撮影禁止」と書かれている。廃校ではないのかな。

学校と反対側の坂を上るとそこにはおびただしい数の団地群。そのほとんどが蔦におおわれた廃墟だ。ゴーストタウン感が半端ない。

団地群から学校側へ戻り、島の奥へ道路を進むと、島で唯一かもしれない食堂が営業していた。入口には発泡スチロールの中に子猫が箱詰めのように身を寄せ合ってニャーニャー鳴いている。うむ、かわいいとしか言いようがない。

船着場から出迎えてくれる廃墟群

「まあ、廃墟を見に来たんですっていうお客さんもいるわよねえ。何がいいんだろうねえ」

店のおかみさんは、含みを持たせた感じでそう言った。意外だったというか、そりゃそうかと思った。自分がいる島の魅力が廃墟だなんて、ほこらしいとは思わないのが普通か。

「イノシシが出るからあっちは行かない方がいいわよ」

池島にはもともとイノシシはいなかったようだが、近年、隣の松島からイノシシが泳いできているらしい。そういえば黒島のガイドのおじいさんもイノシシが泳いでくる話をしてたな。イノシシ、すげえな。


食堂を出てさらに進むと地形の高低差を利用した八階建てアパートが現れる。これぞ軍艦、あるいは巨大ロボットだ。

ところでグーグルマップ上に「御安全に」と表示された場所がある。この八階建てアパートのさらに先だ。なんだろうと思って行ってみたら、ほぼ消えかけの「御安全に」と書かれた看板が道の頭上に掲げられていた。この看板をくぐって、炭鉱労働者たちは仕事場へ向かっていたようだ。家から出てすぐ炭鉱。当時の炭鉱労働者はほんとに掘って帰って掘って帰っての生活だったんだろうなあと想像する。


日も暮れてきたので共同浴場に行く。

池島には二つの共同浴場がある。中央会館には入浴施設がないので、こちらを利用する。

値段はなんと百円だ。

　大浴場には島の住人のおじさんが一人入っていた。勇気を出して声をかけてみると、湯船に浸かりながら島の歴史を語ってくれた。

「ずーっと石炭掘って家に帰ってのくり返しだから、カラオケとボーリングとスナックくらいしか娯楽がなくてね。あとはお金を使うことがないから電化製品を買うわけ。だから電気屋さんはよく儲けさせてもらったって言ってたね。今は炭鉱も閉めちゃったからみんな故郷へ帰ったりしていなくなっちゃったけど、昨日はこの風呂場は学校の先生でにぎわっていたよ。この島の学校は今、小学生一人と中学生一人しかいないんだけど、中学校の先生は科目ごとに必要だから一人の生徒に対して何人もいるんだね。教職員専用の団地が島のはしにあるよ。あとは炭鉱でケガしたりして帰れなくなった人や、それぞれの事情で島に何人か残ってるだけだね」

　おじさん、ご機嫌でしゃべってくれている。雰囲気もいい感じなので、少し思い切ったことを聞いてみた。

「ところでお父さん、幽霊が出る廃墟とかご存知ないですか？」

猫の箱詰め

「幽霊なんているわけないよ！」

おじさんの声が大浴場に響き渡る。すぐさま湯船から飛び出したおじさんは、それ以降、口をきける空気じゃなかった。

この島での僕は配慮が足りなかった。

廃れていく島の景色は、そこを訪れる人間にとってはただの興味でしかないが、そこに住む人々にとっては目を背けたいものなのかもしれない。

共同浴場の帰りに、食堂のおかみさんと遭遇する。娘さんと一緒だった。

「廃墟見れた？」

そう聞かれたので、はい、カッコよかったです、なんて返す。

「ずっと見てるからわからんけど、写真撮りに来る人の写真見せてもらったら、確かにカッコイイなと思った」

娘さんが言う。

僕はたずねてみた。

「ずっと池島ですか？」

「途中、出てたんだけどまた戻ってきた」

娘さんが答える間、おかみさんは何も語らなかった。

「イノシシ気をつけてねー」

最後におかみさんはそう言って共同浴場に入っていった。

池島を出た時はどこでどんな生活を送っていたのだろう、などと想像しながら廃墟を抜け、宿に向かった。


なんだろう、優しさと距離感が絶妙だと思った。

そういえばおかみさんの食堂の壁には、池島に訪れた人の名前やメッセージがびっしりと書かれていた。

「オムライスうめぇー！！」

「かあちゃんのちゃんぽん最高でした！」

「猫かわいい」

「また来まーす」

「池島大好き」

「いつまでもお元気で」

なんか、どれも絶妙だった。ちょうどいい距離感。

でもこれが、ふとまたもう一度来たい場所になるような気がした。

ちなみに僕も名前を書かせてもらった。メッセージは書いてないけど。

島中の灯りが消える時 神様は絶対に見てはいけない

二〇一八年二月、愛知県名古屋市某所。

僕は名古屋で出演しているラジオ番組「北野誠のズバリ」でレポートするネタを探していた。

ふと目に飛び込んできたのが「巫女バー」の文字。これはネタになると思い、店に入る。

入口に鳥居があって、正面におみくじが引ける社《やしろ》があって、ウェルカムドリンクに御神酒が出てくる。バーカウンターには巫女の格好をしたバーテンダーがいて、完全に神社をコンセプトとしたつくりになっている。

巫女バーテンダーさんは気さくな女性で、

「うちの巫女さんたちは元メイドさんが多いんですよ」

なんて不思議な会話をしてくれる。

「お姉さんは本当の巫女さんなんですか？」

率直に聞いてみた。

「私は現在リアルタイムの巫女ではないですけど、地元の島で二十歳まで巫女をやってました」

バーの巫女さんは愛知県の篠島出身。篠島は知多半島の先の伊勢湾、日間賀島の南側にある。

「島にいた頃、中学生になったらだったか、高校生になったらだったかで、神社の氏子さんたちに『〇〇ちゃん、いい年になったから巫女さんやりなさい』って言われて巫女さんになりました。といっても実際に何をするというわけでもないんですが、大晦日とか節分のお祭りの時に、おみくじの前に立ってるような係でした。巫女さんって、生娘しかできないとか生理中は穢れてるから神社に入れないとか地域によって決まりがあるそうですが、篠島では二十歳までしか巫女さんの仕事はできないみたいなので、二十歳超えてからはやってません」

え、何その話。面白いぞ。

「あと、うちの地元、女性は見ることはできても参加はできない、島の男だけのちょっと変わったお祭りがあるんです」

そう言って彼女は地元篠島の祭礼神事「大名行列」について語ってくれた。

このお祭りは毎年一月三日と四日の二日間にわたって行われる。

篠島には「八王子社」と「神明神社」があり、八王子社には男性神「オジンジキサマ」が、神明神社には女性神が祀られている。このオジンジキサマが年に一回神明神社の女性神に会いにいき、ひと晩過ごしたあとにまた八王子社に帰っていくという祭礼を篠島では二日間かけてやるのだ。

一月三日の昼、大名などの扮装をした島の厄年の男性たちが浜で隊列を組んでかけ声とともに舞ったあと、その日の十八時に電力会社の協力のもと島中の電気を消し、「庁屋の人」と呼ばれる神職の人々によってオジンジキサマが神明神社へと運ばれていく。これを「オワタリ」と呼ぶ。オジンジキサマは白いびらびらの「シデ」といわれる紙をたくさん重ねた直径一メートルにもなる大きなカリフラワーのような姿をした御神体で、オワタリの間は決して見てはいけないとされている。見たら祟りがあると伝えられ、目が見えなくなるともいわれている。なので島民も観光客も、この間はオワタリの様子を見ることを禁じられ、家や旅館からいっさい外へ出てはいけない。オジンジキサマの出発点である八王子社のそばに住む人々は、子供たちに神殿の扉が開く音さえも聞かせないようにするために、その日は島外の親類の家へ預けたりすることもあるとか。オジンジキサマを運ぶ庁屋の人は御神体を直接目にし、また直接身体に触れるため、事前に寒中の海でその身を清めている。

オジンジキサマが神明神社に到着すると、それに合わせて太鼓が打ち鳴らされる。これを合図に家に籠っていた島民が神明神社に参拝に向かう。

翌日の一月四日、昼が近づくと再び扮装した厄男たちによる舞いが浜で行われ、二列の隊列を組む。やがて神明神社から庁屋の人に支えられたオジンジキサマが現れ、隊列の間をシデをなびかせながら進み、舞う。厄男はふんどし姿になり、朝一番で自分たちが立てた「オタナギサマ」という木に厄を移して海に流し、オジンジキサマは再び八王子社の本殿に納められる。そのうしろをみんなが大名行列のようについて行くので、この祭礼を総称して「大名行列」という。

なんなんだこの祭りは。いろいろとわからないことだらけだ。これはいつか必ず行ってみたい。

「オワタリ」の初日

二〇二〇年一月三日、ついにその時が来た。ニコ生の木村さんをそそのかし、篠島に上陸する。

　島に着いたのは午前九時。この前日は夜通し知多半島の心霊スポットを探索していたので二人とも寝ておらず、無駄にハイである。旅館はまだチェックインできないので荷物を置いて島を軽く探索する。

　まずはオジンジキサマが待機する八王子社だ。ここからオジンジキサマが神明神社の女性神に逢いにいくのだな。そして一夜を共にしてまた八王子社へ戻っていく。一年に一回の逢い引き。まるで織姫と彦星のようだ。いや、ちがうな。織姫と彦星は七夕の日に神様の許しを得て堂々と逢いにいっている。オジンジキサマと神明神社の女性神はちがう。島中の電灯を消して、島民に「見たら祟られるぞ」とまで言って、逢いにいくところを誰にも見せないのだ。これは、夜這いだ。この時は前日から寝ていないので発想が極端になってしまっていたかもしれないが、僕が八王子社で気づいたことはこの夜這い説だった。

　日本には夜這いの風習があった地域があるという。僕が聞いたのは、年頃になった娘は部屋の奥から「父・母・娘」の順で川の字になって眠り、島の若い男が入口側で寝ている娘に夜這いを仕掛けるという風習だ。娘がＯＫなら両親を起こさないようにコトをなし、娘が迷っているなら母だけを起こして、母から男を説得し、そっと帰ってもらう。そして娘が完全ＮＧなら一番奥の父を起こし、父に二度と来るなと追い返してもらうというものだ。

　そんなうんちくを木村さんに垂れながら、今度は神明神社へ向かう。こちらは青い袴を着た四十代、五十代の男性が何かの準備をしていた。みなさん精悍な顔つきでカッコいい。漁師さんが多いのかもしれない。

準備の邪魔をしては悪いなと思い、浜の方へ向かおうとしたら、今度は法被に短パン姿のYouTuberのようなカラフルな髪色をした若者たちが現れる。彼らはたぶん冬休み中の高校生だろう。この島では男子は高校生になったら「オジンジキサマの舞い」を一年前から練習させられると、巫女バーの巫女さんが言っていた。彼らもそうとう練習したのだろうか。髪の色とは対照的に、この年頃の男の子にしてはみなずいぶん落ち着いているように見えた。

午前十時を過ぎ、大名行列の舞いが行われる篠島海水浴場には徐々に人が集まってきた。緑の法被を着ている人々がおそらく厄年の男たちなのだろう。砂浜で一升瓶を持ちながら何やら楽しそうに騒いでいる。この祭りの主役はその年に数えで四十二歳を迎える本厄の男たち。しかし近年は島の人口の減少から、四十一歳の前厄、四十三歳の後厄の男たちもここに加わっているそうだ。この厄男たちはみんな顔に何かを塗っている。ヒゲだったり太眉だったり、このへんは伝統的な戦国大名をイメージしたペインティングなのだろう。しかし中には白塗りでバカ殿みたいになっている人や、ジョーカーのメイクをしてる人、あと黄色の全身タイツに顔も真っ黄色に塗ってチキンラーメンのひよこになっている人もいる。大名の扮装じゃなくても別にいいのかな……。いや、もしかしたらこの祭がはじまった頃が何十年何百年前かはわからないけど、その時代の流行りを取り入れたのが大名メイクだったのではないだろうか。だって古い仏像だって今の時代では文化遺産扱いになるけれど、当時はそれが一番の流行りだったりオシャレだったわけだから。だから篠島の大名行列も当時のトレンドが秀吉メイクや信長メイクだったという可能性もあるわけで、そう考えたら大名行列で二〇二〇年アカデミー賞主演男優賞を獲ったホアキン・フェニックスのジョーカーのメイクをするのは当然なわけだし、長年愛され続けているバカ殿も正解で、チキンラーメンのひよこも攻めすぎてはいるもののまちがってはないはず。こんなことを真剣に考えてしまうのも前日から寝ていないせいではあるのだが、同じく前日から寝ていない木村さんに向かって無意識のうちに無駄な講釈を垂れていた。

　それを聞かされていた木村さんは、

「なんかいいですね。うらやましいなぁ。僕こういうお祭りに参加したことないから」

　あれ、目がキラキラしてる。木村さんは僕より五歳年上なので、この当時は後厄が過ぎたあたりだろうか。でもまあ木村さんとほぼ同世代の人々が島の伝統行事に集まって、いい歳して変な格好して仲間と楽しそうにはしゃいでいる光景を今、木村さんは見ているわけだ。そして僕も今、同じふざけている大人を見ている。確かに、それぞれ島を出て働いてる人もいるんだろうけど、こうして一年に一回集まって、生まれた時からすでにそこにある伝統のもとに仲間とふざけ合える人生も悪くないかもしれない。何より今この瞬間だけを切り取れば楽しそうだ。一方で僕も木村さんも故郷を離れ、興味のあることだけを仕事にしようとしてきた。しかしなぜ、うらやましく映っているんだろう。あ、わかった。ただのない物ねだりだ。

「なんか、あの人たちの奥さんもみんなきれいですよね」

僕の思考とは関係なく木村さんが気づく。うむ、確かに奥さんたちはきれいな人が多い。何より自信がありそうというか、堂々と生きている感じがする。この島の女性には何か共通点があるのだろうか。

いやちょっと待て。これはこの島の一側面を見ているだけではないか。この祭りが島のすべてではない。なぜなら港に着いた時に案内係の女性に祭りのことを聞いたら「私何年も祭り行ってないので」と言っていた。当たり前だけど、この島にいるけど祭りに参加しない人もいる。だから祭りとは関係ない部分にも何か……あ、何か白装束のゴツい雰囲気の人たちが太鼓叩きながらやってきた。急にあたりに緊張感漂ってる。これが「庁屋の人」かな。そのうしろを神明神社で見た青い袴の大人たちがついていく。すごい、何年も祭を守ってきた感がある。あれ、見物人も厄年のお兄さんたちもみんな頭を伏せだした。さっきまでの楽しそうな雰囲気が嘘のように太鼓の音だけになっている。

こ、これが祭りか。とりあえず一旦、祭り以外のことはどーでもいいや、今、目の前のこの瞬間に集中しよう。何か、何かすごいぞこの雰囲気。

そうか、これは明日の予行演習だ。明日のお昼からはオワタリを終えたオジンジキサマが実際に浜にやってくる。その予行演習をするのがこの大名行列の初日のプログラムなのだ。それにしても学校行事でもないのに、何かがはじまると誰一人ふざけないのがすごい。島全体がふざけてない、なんだこの空間は。

そのまま庁屋の人々は太鼓を叩きながら二列になった緑の法被の男たちの間を通りすぎていく。男たちはいっせいに舞いを舞う。さっきまで相撲を取ったり一升瓶をがぶ飲みしたりゲハゲハ笑ってた四十代の大人たちがきれいに舞う。そのうしろのカラフルな髪色の高校生たちも同じく舞う。学校じゃないのに、世代のちがう大人と青年が、きれいに動きを揃えている。これには正直驚いた。驚いたというより、なぜまとまるのか理解ができなかった。やがて庁屋の人は八王子社の中へ入っていく。そのうしろを青い袴の人々と、厄年の男たちと、高校生と、あと弁慶の格好をした小さい子供たちが列になってついていく。これが大名行列か。八王子社の前で行列は止まり、かけ声と共に再び舞い出した。

八王子社の前で舞う厄男たちと高校生

庁屋の人々が八王子社から下りてきた。それと同時に舞いは止まり、かけ声と太鼓の音が盛り上がったところで解散となった。

「あたしらが生まれた年から、小さい頃からずっとこうやって、やっとるよ。あのうしろの子、あの小さい小学生くらいの頃からみんなやっとった。あの緑のこういうの着てる人いるでしょう、あの人らが四十一で、緑の八のそれ過ぎると、今度はお宮さんっていって袴はいて、どんどん変わってくんよ。三歳くらいからもうはじまって、二十歳になるまでずっと続くんよ。ここに住んどるってことは、そういうこと」

隣に立っていた島のおばあちゃんに祭りのことを聞いてみた。そうか、島の男性は三歳くらいからもう大名行列には参加してて、小学生、中学生、高校生になって、二十歳になるまで続くのか。それで厄年になったら緑の法被を着て一番前で舞って、厄年を過ぎたら青い袴を着てお宮さんと呼ばれる人になるんだな。そういえば確かに二十代と三十代の男性が見当たらないような気がした。巫女バーのお姉さんも二十歳になったら巫女をやめないといけないと言っていたが、この島では二十歳になると何かがあるんだろうか。

「ここの神社を参って、鳥居をこうやってくぐると、これが戻り奴《やっこ》っていうの」

「あっちの神社から来て、ここの神社を参って、鳥居をこうやってくぐると、戻り奴っていうの」

「うちの人が亡くなったりすると、戻り奴しか出てきちゃいかんの、それがしきたり」

「戻り奴でなきゃ見れんの。普通に来てくれる時にゃあそういう人は出てきてやせん、出てきちゃいかんがや」

「いろいろあるね八十過ぎてもまだ生きとりゃあこうやって拝めれるけど、今こっち行くのは戻り奴って言って」

戻り奴、戻り奴、戻り奴……。

「おばあちゃん、旦那さんに先立たれたんでしょうね」

木村さんがつぶやく。

そうか、おばあちゃんは戻り奴の今この時しか祭りを見られないんだ。ということは明日はおばあちゃん大名行列見られないのかな。

島中の電灯が消えた

旅館に戻ってようやくチェックイン。ベッドで横になった瞬間、意識を失う。

十七時過ぎに目を覚ます。二時間ほど寝たのだろうか。十八時のオワタリの前に起きれてよかった。

十八時直前、部屋から外の景色がよく見えるロビーに移動する。

十八時。島中の電灯が消える。

本当に消えた。真っ暗だ。遠くの方で小さな光が動いているのがわずかに見える。懐中電灯？

「あ、お客さん、見ちゃダメですよ。撮ったやつあったら消してね」

旅館の人に声をかけられる。すみません、と言って部屋に戻る。

リアルだった。とてもリアルな注意だった。暗闇の中、見えるか見えないかわからないものを遠くから見るのもダメ。確かに、これは自分一人の問題じゃない。自分が祟られてもかまわないから見てもいいという問題じゃない。一人も見ないから価値がある、ということだ。この島全体の徹底ぶりに、震えた。

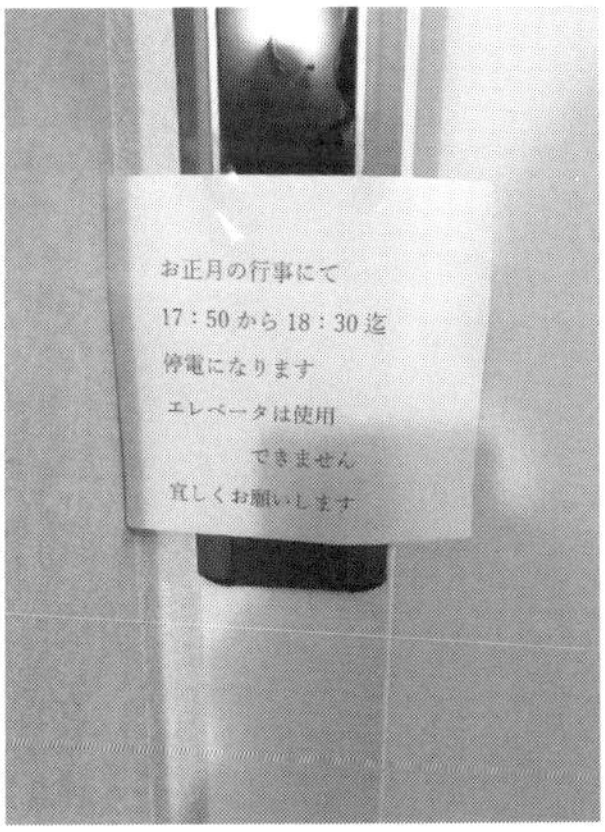

島中の電気が止まるため、エレベーターも動かない

部屋は非常灯がうっすらとついていたが、しっかりと停電の状態だ。

十八時二十分、部屋の電灯がつく。島の電灯もついた。オジンジキサマが神明神社に到着したようだ。オワタリ終了だ。

すぐに神明神社へ行く。オワタリが終わったあとに神明神社を参るのがこの祭りの儀式だ。

和太鼓が鳴り響く。白装束を着た庁屋の人が太鼓を勢いよく叩き続ける。筋肉隆々でプロレスラーみたいな人だ。お参りは、その真横をすり抜けて拝殿へ行く。その先には、さっきまで見てはいけなかったはずのオジンジキサマがいる。壮大な太鼓のリズムの中で、ほのかなライトアップに照らされたオジンジキサマは、迫力があった。何かわからないけど、触れてはいけないもの、見てはいけないもの感が半端なかった。これが、「見せなかった」威厳なのだろう。大きなカリフラワーみたいな御神体は、得体の知れない神秘的な物体以外の何物でもなかった。

翌朝、一月四日。大名行列二日目である。

篠島海水浴場の砂浜には、昨日までなかった木が刺さってる。これが「オタナギサマ」だ。

高さ四メートルほどのモチノキを三本並べ、グミ一本、ヒサカキ二本をその中へまぎれ込ませたものが「オタナギサマ」。早朝に厄年の男たちが用意したものだ。

二日目も十時過ぎくらいから人が集まっている。

オタナギサマが植えられた早朝の海水浴場

昨日バカ殿やジョーカーだった厄年の男たちは、この日また別のメイクを施している。あれ、セーラームーンとセーラーマーキュリーが子供たちにお菓子を配っている。彼らも昨日いなかった。いや、昨日の厄男の誰かが今日はセーラームーンになっているのだ。セーラームーンおじさんは僕らにまでお菓子を配ってくれた。おもちゃの刀までもらった。

さあ、大名行列の男たちにとってはこの日こそが本番だ。よりいっそう昨日よりもふざけて、砂をかけ合い、酒を飲む。これらのおふざけはおそらく長年つちかわれてきたこの祭りでの、厄を落とすのに必要な行動なのだろう。

昼十三時少し前、神明神社よりオジンジキサマがやって来る。昨日と同じ流れだ。ただちがうのは、オジンジキサマがいることだ。オジンジキサマはクルクルと回転してシデを激しくひるがえしながら、頭を伏せる大名行列の男たちの間を進んでいく。もちろん見物人も頭を伏せる。

オジンジキサマは舞い続ける。クルクルと砂浜で舞い続ける。さらに浜に刺さったオタナギサマの前まで行き、ここでもクルクルと舞う。そして厄男たちは緑の法被を脱ぎ、メイクしたまま極寒の中ふんどし一丁になってオタナギサマの前に集まる。庁屋の人が叫ぶ。

「コリヨー！」

ふんどしの男たちがいっせいにオタナギサマを引っこ抜く。しかしオタナギサマは大きすぎて、なかなか抜けない。ふんどしの男たちが力を合わせてグイングイン木を揺らす。なんとか引っこ抜き、ふんどしの男たちはふんどしの男たちごとオタナギサマを海へ沈めていく。

　そしてオジンジキサマは八王子社へ帰っていった。

　こうして二日間にわたった大名行列が終わりを迎えたのであった。

　結局戻り奴のおばあちゃんには会えなかった。きっと戻り奴のしきたりを守っているんだろう。


続いていく祭礼。続けていく神事。

見てはいけない祭で、見たことのないものをたくさん見ることができた。

真っ白いびらびらのシデをなびかせながらオジンジキサマが通る

しかしここで自分自身への残念なお知らせ。
なんと、「島はもう充分かな」と思ってしまったのだ。島欲の消失である。
島は心霊に似ている。わからないから行ってみたい。わたしの知らない世界。
だけど知ってしまうと、当たり前だが知る前に持っていた興味よりも薄くなる。一回行っただけだとその島の一面を見ただけにすぎないのかもしれないが、一つの島のいろいろな側面を時間をかけて見るよりも、多くの知らない島の一面を見ることの方が興味がある。しかし多くの島を回れば回るほど、「島」という存在の神秘性は結局は薄まってしまう。それは心霊スポットを巡りすぎて「心霊スポット」自体への興味が薄まっていくこと、あるいは心霊やオカルトを追いかけすぎて、何も知らなかった時に感じていた恐怖や感動がどんどん弱まっていくことに似ているような気がする。

そして、永遠に越えられない壁がある。それは、自分がその島の人間ではないということ。その島に住み続けない限り、島と僕との関係性は点でしかない。

ただ、島には島の続きがある。もう一度行きたくなるかどうかは、一度行ってみないとわからない。続きから得る発見を欲する時期が、もしかしたらあるかもしれない。そのターンが来るまで、しばらくはさようなら、島。

ふんどし姿の厄男たちがオタナギサマを引っこ抜く

死る旅ギャラリー

いろんなところを旅しました。

一庫ダム（兵庫）　2018/6/7

よく死体が発見されるとの噂があることから「人喰（ひとくら）ダム」なんていわれたりするみたいだが、そんなことより柵に貼られていた紙がリアルだった。

徳成寺（大阪）　2018/6/7

枚岡神社の裏山を登った途中にある掘っ建て小屋のようなお寺。以前深夜にその先にある廃神社へ向かう途中で寄ったことがあったが、昼間に行くととってもカラフル。

化野念仏寺（京都）　2018/6/23

清滝トンネルへ向かう道中にあるお寺。かつてこの地は風葬の地だったこともあり、境内には約八千体の無縁仏の石仏や石塔が並ぶ。これが「西院の河原」と呼ばれている。

岡田以蔵の墓（高知）　2018/7/21

「人斬り以蔵」と呼ばれた岡田以蔵の墓。近くには幕末の血みどろ絵師・絵金の墓もある。場所は高知がほこる巨大違法建築・沢田マンションの裏手の山にある。

岩室観音堂（埼玉）　2018/9/18

このあたりは吉見百穴や岩窟ホテルなどの面白スポットが密集している。岩室観音堂は岩をくり抜いて八十八体の石仏を祀ったお堂。

八事霊園（愛知）　2018/10/3

ジャンピングババアが現れるという都市伝説がある名古屋の巨大霊園。動物の標識で各エリアが分けられているのだが、なぜか何度もカラスの標識にたどり着いてしまう。

赤水門（東京）　2018/10/5

荒川から死体が流れ着くといわれる旧岩淵水門。来るのは２回目だが、水門手前の公園の木に幾重にも絡まったハンガーが吊るされてたのが不気味だった。カラスの仕業？

尾道大橋（広島）　2018/10/8

尾道と向島を結ぶ大きな橋。向島に渡ろうとしたが深夜だったので渡船に乗れず、橋を渡る。真ん中に花束があって、眺めていたらパトロールしてた警察に自殺志願者とまちがえられた。

岩屋山巨石群（広島）　2018/10/8

尾道と海峡を隔てた向かい側にある向島の巨石群。尾道大橋を渡ったあとここで夜を明かした。この半年前に松山刑務所から脱走した受刑者が海を泳いで渡ってここに潜伏していた。

白滝山五百羅漢（広島）　2018/10/9

岩屋山巨石群のあとに行った白滝山。仁王門から山頂まで大小約700体の石仏群が並んでいる。山頂から石仏たちと眺める瀬戸内海は絶景。

入鹿池（愛知）　2018/10/15

愛知県犬山市にある人工の池。ターボジジイやホッピングババアやトランペット少年が現れることで有名。トランペット少年は2019年にSNS上で「それ僕です」と本人が登場した。

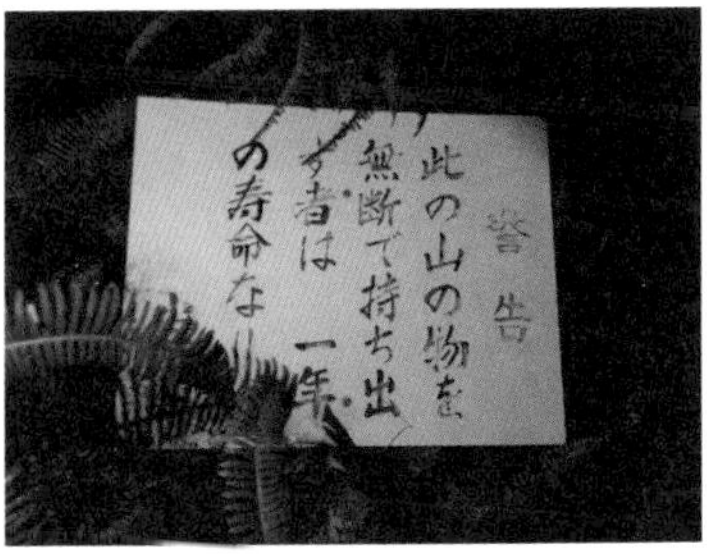

天狗神社（愛知）　2018/10/15

一番奥にいる天狗の石像の目が赤く光ると神隠しに遭うといわれている神社。入鹿池の近くにある。とにかく看板が怖い。

滝山城址（東京）　2018/10/18

声優ユニット「ちく☆たむ」の田村響華さんと生配信番組で訪れた際に、橋の上で写真を何枚も撮ると一枚だけシャッター音が鳴り、そのあと配信の電波が異常をきたした。

淡路島廃集落（兵庫）　2018/11/1

火葬場ミュージシャン下駄華緒さんと行った廃村。天井から赤い布切れが垂れ下がる廃墟の向こうから石を投げられ撤退。車を停めていたガードレールには「アカ　アカン」の文字が……

清姫橋（愛媛）　2018/12/9

新居浜市にある清滝へ続く赤い橋。上半身が野球のユニフォームで下半身が裸のおっさんの霊が出るとのこと。

喝破道場（香川）　2018/12/10

さぬき市にある教育施設跡。剣道の道場や、合宿所として使用されていたとのこと。「訓練に耐えかねた生徒たちが集団自殺した」などの噂があるが、おそらくデマ。

西郷隆盛洞窟（鹿児島）　2019/1/4

西郷隆盛が西南戦争で最後の五日間を過ごした洞窟。この洞窟から300メートル下った場所で西郷隆盛は自決する。

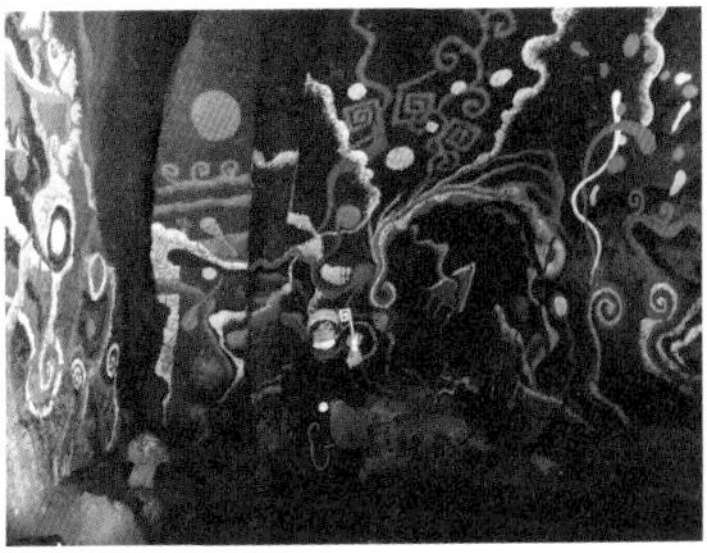

熊襲の穴（鹿児島）　2019/1/4

クマソ族の首領・カワカミタケルの住処で、女装したヤマトタケルノミコトに殺された場所。中は広くて壁全面に現代アートが描かれている。

ペコちゃんハウス（鹿児島）　2019/1/4

一階部分が潰れてニ階が地面と同じ高さになっている廃墟。「ぺちゃんこハウス」が訛って「ペコちゃんハウス」となったとの噂。

枕木山廃ラブホテル（島根）　2019/2/10

２階にある玄関に続く階段が崩れて宙に浮いており、入口までたどり着けない。中には青一色の洞窟の部屋があったり、王朝の館という部屋があったりするそうだ。

三崎潮見台（福島）　2019/2/20

いわき市の三崎公園内にある海にせり出した展望台。飛び降り防止のためか、全面アーチ状の格子に囲まれている。もし飛び降りるなら外側から格子の上に乗り……降りるまでが大変。

藤宮神社（高知）　2019/2/22

生首が飛んでくるという噂の神社。入口付近にあるポンプ式の水道で少女の霊が立っていて、しゃべりかけるとニヤリと笑い、首だけが飛んでくるとか。ピーガスーみたいだ。

石丸神社（高知）　2019/2/22

長宗我部氏の躍進を支えた半農半兵身分の「一領具足」。関ヶ原の戦いのあと、徳川側に浦戸城を引き渡す際に抵抗した一領具足たちは討ち取られ、その胴体を石丸塚として祀っている。

鵺大明神（京都）　2019/3/8

頭は猿、胴は狸、尾は蛇、手足は虎という怪物の鳴き声が鵺（ぬえ）に似ていたことからこの怪物も鵺と呼ばれる。源頼政に退治された場所がここ。今でも二条城付近で鵺を見た人がいるとか。

首塚大明神（京都）　2019/3/9

源頼光らによって討ち取られた酒呑童子の首が鎮められている神社。老ノ坂峠というこれまた心霊スポットの近くにある。ひと気のなさと雰囲気は破格。

モーテルサンリバー（京都）　2019/3/9

老ノ坂峠、老ノ坂トンネル付近にある廃墟で、大量のお札が貼られているという。付近は廃墟が群をなしているので、もはやどれがそれなのかはわからないが、全部ボロボロだった。

海の火葬場（岡山）　2019/5/3

岡山県笠岡市の沖合いに浮かぶ「タテ」と呼ばれる小島。正式名は「縦島」。明治に大流行したコレラ患者の遺体の火葬場としてはじまり、平成13年まで使われていた。

かもめ荘（島根）　2019/6/16

宜保愛子が最後に訪れた廃墟として有名（他にもたくさんあるが）。日御碕で飛び降りた水死体がかもめ荘の真下に流れ着くという。

日御碕神社（島根）　2019/6/16

「昼を守る」伊勢神宮に対して「夜を守る」神社がここ。全体的に神殿が朱色なのが美しい。入口手前のお稲荷さんをスマホで撮ろうとしたら「近づいてください。」の謎の表示が出た。

日御碕（島根）　2019/6/17

島根半島の西端に位置し、日が沈む聖地・出雲の美しい夕日が見られる岬。石造灯台としては日本一の高さを誇る出雲日御碕灯塔がある。崖は柵がいっさいないのでまあまあ怖い。

隠ヶ丘（島根）　2019/6/17

古事記や日本書紀には載っていないスサノオ最後の地。「私の魂はこの柏の葉の泊まるところに住もう」と言って柏の葉がひらひらと舞い降りた場所がここらしい。非常に見つけにくい。

ゴミ処理場廃墟（兵庫）　2019/7/7

廃墟マニアが推薦する廃墟。山奥に忘れ去られたようなゴミ処理場跡。1977年に建設されるものの、地域住民の激しい反対により一度も稼働せぬまま放置された。現在は解体されたとか。

岩清尾八幡宮前踏切（香川）　2019/7/11
恐怖新聞健太郎の姉が小学生の時の自由研究で家の近所の踏切の地蔵を８ミリカメラで撮影したら、地蔵が映る瞬間だけ砂嵐になったという。地蔵は格子でおおわれている。

姥ヶ池墓地（香川）　2019/7/11
恐怖新聞健太郎の家の近所にある墓地。高松市内で最大級の墓地であり、無縁墓ばかりを集めた区画は墓がぎっしりと詰まっている。

いもんた（香川）　2019/7/11
竹藪の中の参道、半分壊れた鳥居、真っ白な一対の狐、ある一族が呪われたという噂、管理されてない社務所と本殿。神社の方はどこへ行ってしまったんだろう。

比治山陸軍墓地（広島）　2019/7/13
西南戦争から第二次世界大戦までの戦没者の遺骨が葬られている陸軍墓地。日清戦争合同碑には、死してもラッパをくわえたままだった木口小平の名が刻まれている。

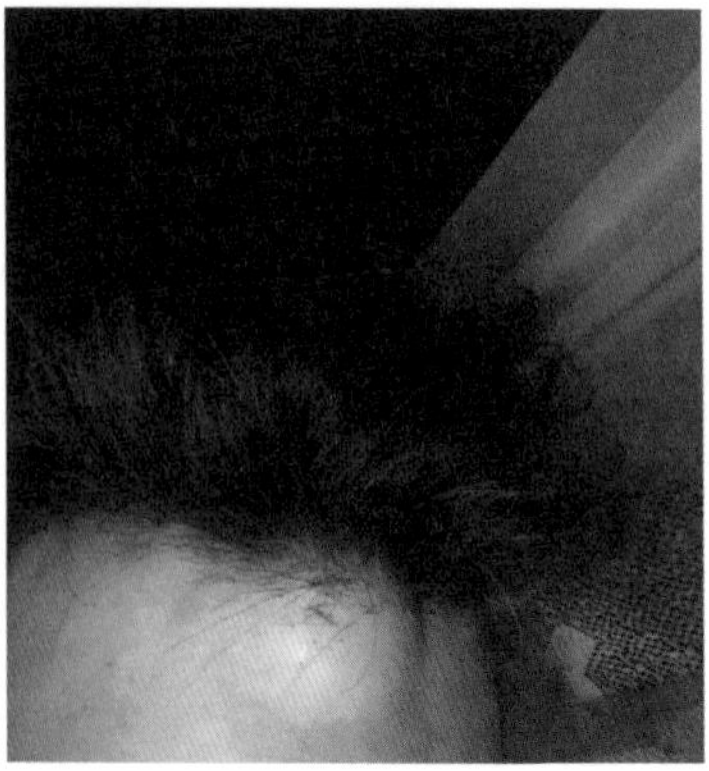

牛窓神社（岡山）　2019/7/15

元後輩芸人の石岡くんがここの駐車場で黒い影を見て、帰宅途中サイドミラーに女の子が映り事故。その時、額にこぶができ、20年経って検査すると原因不明の腫瘍と判明。現在治療中。

円座町墓地（香川）　2019/7/11

香川の松本くんに教えてもらった墓地。以前は火葬場として使用されていた場所が墓地となっているとのことで、墓地内にある焼却炉が火葬炉なのではないかと思ったが詳細はわからず。

宇和島きさいやロード（愛媛）　2019/7/24

毎年この時期に開催される「うわじま牛鬼まつり」。牛鬼とは鬼のような長い首をした全長5～6メートルの山車で、これがまちを練り歩く。圧巻。

和霊神社（愛媛）　2019/7/24

宇和島藩の初代藩主伊達秀宗につかえ民衆から慕われるも非業の死をとげ、怨霊となった山家清兵衛を祀る神社。牛鬼まつりと同時期開催の和霊大祭では須賀川で「走り込み」が行われる。

入らずの森（愛媛）　2019/7/24

宇和島市立城北中学校の敷地内にある立入禁止の森。現在の和霊神社の場所より前に山家清兵衛の祟りを鎮めるための祠があった場所。伐採すると祟りが起きるのでそのままにしてある。

宇宙研究所（愛媛）　2019/7/24

墓地の真ん中にある廃墟。もとはUFO研究家として知られる清家新一氏の私設研究施設だった。入口の展示ケース内には反重力発生装置らしきものが展示されている。

赤松遊園地（愛媛）　2019/7/24

ほぼ廃墟の遊園地、と言っていいのかわからない場所。海へせり出した壊れたブランコが怖い。でも一番怖かったのはタクシーの運転手が言った「このあたり未解決事件多いよ」。

大谷池（愛媛）　2019/7/25

愛媛屈指の心霊スポット。百人の人柱があって百体の地蔵があるとの噂があるが、実際は当時の村長が自分の写真を人柱の代わりとしただけで、百体地蔵は宝珠寺の水子地蔵。

サムハラ神社（岡山）　2019/8/14

弾除けのご利益があるお守りで有名な大阪のサムハラ神社。そのルーツとされる場所が奥の宮。台風の影響で山が崩れかけていたが奥の宮は無事。さすがサムハラ。

首切り地蔵（福島）　2019/9/2

江戸時代中期に磐城平藩で大規模な百姓一揆が起こり、藩は百姓の要求をほぼ認めるかたちで代表たちを呼び出すが、そのまま引っ捕らえて約束を反故にし、処刑した。

雄島トンネル（福井）　2019/9/13

東尋坊の北、雄島のすぐ近くにある短いトンネル。真ん中あたりに横穴があり、目が赤く光ると事故に遭う観音像がある。「危険だぞお賽銭箱に刃物が仕込である」の注意書きが。

雄島（福井）　2019/9/13

東尋坊から遺体が流れ着く場所。島へと続く赤い橋は引き返すと取り憑かれ、島を反時計回りに進むと呪われてしまうらしい。一番怖かったのはスズメバチだった。

ワンダーランド（福井）　2019/9/13

廃墟のようで実はまだ営業しているという遊園地だったけど、本当に廃墟になってしまった。と思ったら実はセグウェイとグランドゴルフだけ営業中。と思ったら今は完全閉業。

ユートピア加賀の郷（石川）　2019/9/13

かつては仏教をテーマとした複合テーマパークだったが今はほぼ廃墟。全高 73 メートルの加賀大観音が遠くからでも目立つ。一時期は織田無道氏が住職を務めた。

大久野島（広島）　2019/9/16

ウサギ島として人気の島だが、その前に戦時中に毒ガスを製造していた島として地図から消された島でもあった。島を訪れたら毒ガス資料館も是非。ズンときます。

羽田大鳥居（東京）　2019/9/23

戦後 GHQ がここにあった穴守稲荷神社に強制退去を命じ、鳥居も壊そうとしたが作業員が死傷したりで断念。僕は以前この鳥居の大きな鈴で顔面を潰されかけた。

生見海岸（高知）　2019/9/26

徳島県との県境にあるサーフィンのメッカ。海岸には落雷事故で亡くなったサーファーの慰霊碑が。僕のバイト先の店長は事故の数日後に泳いでて花束を投げられ焦ったという。

ホテルニュー鳴門（徳島）　2019/9/26

稲川淳二さんも訪れたとされるかなり有名な廃墟。入口にはなぜか稲川淳二さんのDVDが落ちていた。聖地巡礼に来た人が置いて帰ったのだろうか。

屋島廃墟群（香川）　2019/9/27

源平合戦の地である屋島は年々観光客が減り、ホテルや旅館が廃墟化している。かわら投げができる展望台は絶景かつ、心霊写真もよく撮れる。写真は香川の宇津さんが撮ったもの。

福山グリーンライン（広島）　2019/9/27

全長14kmの事故が多いドライブコース。トンネルに現れる2mの女や子供の泣き声などが有名。道中にある廃墟T荘ではオーナーがプールで自殺、また駐車場でも自殺者が多い。

藁葺の家（広島）　2019/9/27

朽ちた藁葺きの屋根の上に錆びたトタンが葺いてある民家の廃墟。周りは草が鬱蒼と茂り、たどり着くのにも一苦労する。中はかなり古い造りで、竈や謎の貼り紙がある。

50年前の火葬場（広島）　2019/9/27

約50年前に知人の祖母の火葬を最後に閉じられた火葬場。当時は焼けていく様を家族とご近所さんが見守りながら、焼却炉ではなく焚き火状態で火葬していたという。

黒い顔になった空き地（愛知）　2019/10/7

名古屋のとある喫茶店の前にある空き地で撮った写真。5年前にラジオのイベントで撮れた時以来の真っ黒な顔が撮れた。

猪目洞窟（島根）　2019/10/14

「出雲國風土記」に、ここは昔から黄泉の坂、黄泉の穴であると記されている。また、夢で猪目洞窟を見た者は必ず死ぬという。

松江城（島根）　2019/10/14

築城の際、城下で催された盆踊りでもっとも美しく踊る娘を捕らえ、人柱とした。以来、盆踊りをすると天守閣が鳴動するということで松江では盆踊りが禁じられた。

潮渡橋（沖縄）　2019/10/18

仲西へーイという妖怪が現れる橋。付近で「仲西へーイ」と叫ぶと「へーイ」という返事とともに神隠しに遭う。実際に叫んでみたら、仲西へーイではなくパトカーが来た。

沖宮（沖縄）　2019/10/19

読売巨人軍が那覇キャンプの際に安全祈願しに来る神社で、琉球八社の一つ。目の前で野猫が鳩を捕まえていたのが怖かった。野猫は野生化した野良猫である。沖縄の猫は怖い。

星神社（高知）　2019/10/27

五台山の中腹にある神社。かつてぐちゃぐちゃの祠を開けてから「もう祟られてもいいや」と恐怖心を克服した場所。実は五台山には星神社がもう2つあり、二等辺三角形状に位置している。

大膳神社（高知）　2019/10/27

五台山の南、八洲池のほとりにある狸を祀った神社。拝殿には狛狸が2体。その昔、竹林寺の和尚が悪戯ばかりする狸をここに封じ込めた。池の中には真っ赤な浮御堂がある。

佐川町七人塚（高知）　2019/10/28

7人の山伏が訪れて「施餓鬼して七返の念仏唱えたら子々孫々まで守る」と言い残して寂に入った七人塚。佐川町岩井口公民館の脇にある不動明王堂の裏にある。

小島神社（長崎）　2019/11/1

普段は壱岐島の海に浮かぶ島にある神社だが、干潮時の前後数時間だけ海から参道が現れて歩いて参拝することができる。のんびりしてたら帰りに参道がなくなりかけて焦った。

左京鼻（長崎）　2019/11/1

約 1km にもおよぶ高さ 20m の壱岐島の断崖絶壁。地面は芝生で崖に向かって緩やかな傾斜になっているため、足を滑らせるとそのままスーッと崖へ吸い込まれる。

神楽女湖（大分）　2019/11/10

別府温泉で出会った心霊スポット好き大学生に連れて行ってもらった、少女の霊が現れると噂される湖。他に女子高生の雑談が聞けるという掛橋トンネルも案内してもらった。

鍋山の湯（大分）　2019/11/11

別府市の山中にある、仕切りも脱衣場もない秘湯。かつてここで殺人事件があったため閉鎖されていたが僕が行った時は再開していた。注意喚起の看板が怖い。景色は最高。

へびん湯（大分）　2019/11/11

鍋山の湯と同じく別府市にある秘湯。入浴帰りのおじさんにすれちがって数分後、おじさん戻ってきて（たぶん僕以外に女性がいたため）、無意味に脱衣場に居座られた。怖かった。

辻村跡（沖縄）　2019/11/22

那覇の北西部に位置する、琉球王国時代から太平洋戦争の時代まであった遊廓・花街跡。女性が主体となって生活した場所で、辻の遊女や芸妓は「ジュリ」と呼ばれた。

萱島のクスノキ（大阪）　2019/11/24

寝屋川市にある京阪・萱島駅のホームを地面から天井まで突き抜けて生える樹齢700年の大クスノキ。クスノキを切ろうとした者は次々と病気になったという。

金光寺（大阪）　2019/11/24

寝屋川市にある浄土真宗のお寺。家感がすごい。

犬神社（徳島）　2019/12/5

何か悪いものに取り憑かれると近所の人は犬神神社でお祓いして、祠に封印した。今は祠の犬神社しか残っていない。犬神社の前を通らないために作られた古道があったらしい。

河泊神社（高知）　2019/12/6

南国市稲生にある河童を祀った神社。河泊とは河童のことであり、地元では河童のことをエンコウと呼んでいる。夏にはエンコウ祭があり、子供相撲や絵金の絵が飾られる。

森川公園（沖縄）　2019/12/18

宜野湾市にある羽衣伝説で有名な場所。松竹芸能社員Ａさんの姉が那覇で呑んでて気づいたらなぜか森川公園のベンチで目が覚め、目の前で誰かが鶏の頭を燃やしていたという。

内金城御嶽（沖縄）　2019/12/19

昔、鬼となった兄を退治するために妹が崖の上で鉄入りの餅を兄に食わせ「下の口は鬼を食べる口だ」と言って陰部を見せて崖から落とした。それが鬼餅の由来で、場所がここ。

神社祠（愛知）　2020/1/3

ファミリーマート南知多山海店の裏手の山にある神社祠。グーグルマップにも「神社祠」としか表示されない謎の祠。石灯籠に「天明三卯歳」と彫られてたので飢饉に関係あるかも。

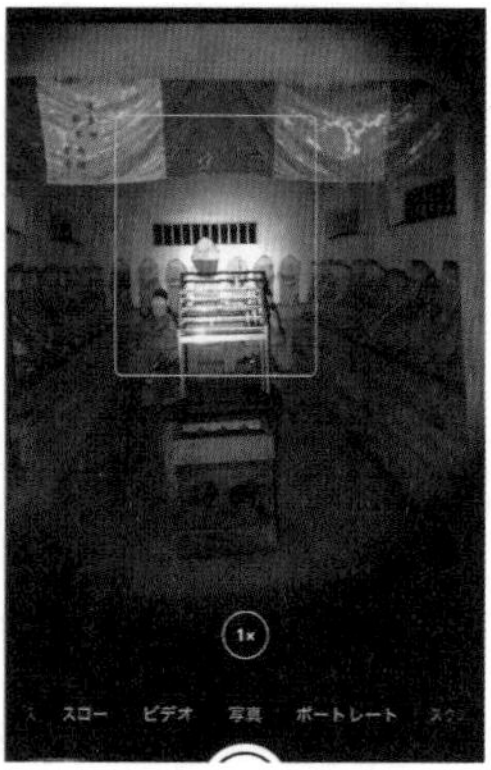

岩屋寺（愛知）　2020/1/3

1300年以上の歴史を持つ知多の古刹。山肌にびっしりと鎮座する五百羅漢は雰囲気抜群。奥之院への参道も確かに空気がちがっていた。あと、地蔵堂での顔認識がすごかった。

佐久島（愛知）　2020/1/8

三河湾に浮かぶ離島。弓矢で「鬼」と書かれた凧を射て邪悪を払う神事・八日講を見にいった。矢で射られた瞬間に凧はバキバキにちぎって破られ、かけらをみな持ち帰っていった。

末吉公園（沖縄）　2020/1/16

国の史跡である末吉宮を持つ公園。とにかく広くて、拝所や御獄があちこちにある。この時にしねがまた様子がおかしくなり、うさぎ跳びで階段を上がっていた。

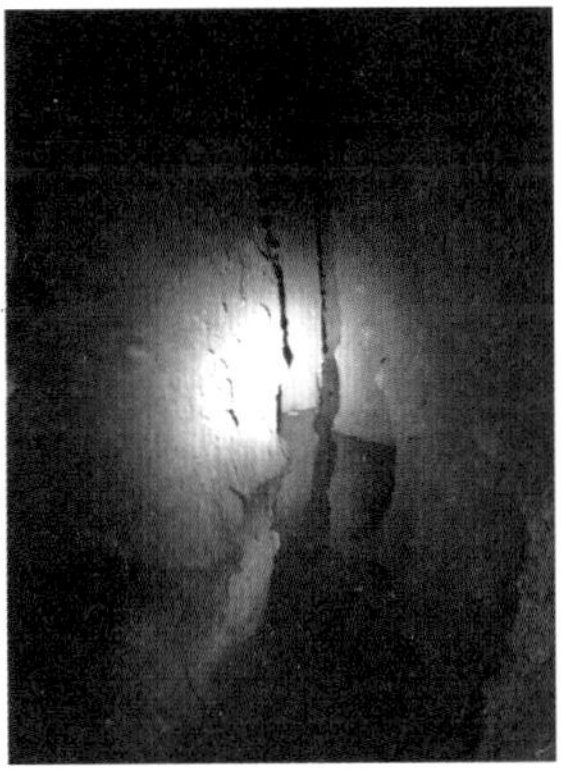

トンカラリン（熊本）　2020/1/23

水路説、信仰遺跡説など多くの謎を残すトンネル型遺跡。周辺の遺跡から変形した頭蓋骨が発見されたことで、シャーマンによる祭祀施設ではないかといわれている。

上弓削神社（熊本）　2020/1/24

境内入口の百度石が行きと帰りで大きさが変化したという話から訪れた神社。境内にはリアル男根石像、そして物置小屋にびっしりと釘を打たれた男根、女陰型の木と藁人形が。

弓削神宮（熊本）　2020/1/24

上弓削神社と２つ合わせて弓削神社と呼ばれる。上弓削神社は道鏡、弓削神宮は孝謙天皇が祀られている。性器奉納としてこちらも痛そうな木がたくさん。浮気封じの効果あり。

御神木ツリーハウス（熊本）　2020/1/24

水神様として信仰されている御神木をツリーハウスにしている。女性が触れると 30 日間高熱に冒されるなどの祟りが起きる。現在は老朽化のため立入禁止。

頭川トンネル（富山）　2020/1/29

昔、近くに処刑場があり、打ち首になった罪人の首を川に捨てていたことから頭川トンネルと名づけられたそうだが、根拠はなし。中は軽く水没してて入れなかった。

坪野鉱泉（富山）　2020/1/29

1996 年「肝試しに行く」と告げて少女２人が行方不明に。坪野鉱泉に行ったと思われていたが、2020 年に伏木富山港の海底で発見された。いまだ謎が多い事件。

野府地蔵堂（愛知）　2020/2/4

一宮市開明の交差点で主婦が車にはねられ死亡した。その 4 年前、夫も同じ交差点で事故に遭い亡くなっている。夫婦は交差点にある地蔵堂にほぼ毎日お参りしていた。

首里城（沖縄）　2020/2/15

2019 年に原因不明の火災により焼失した首里城。正殿前の大龍柱は崩れずに焼け残っている。

長墓遺跡（沖縄）　2020/2/16

宮古島の島尻の丘陵地にある崖下遺跡。そこにはおびただしい数の風葬された人骨が放置されていた。翌朝 SNS に「タニシが丘の遺跡で人骨を掘り返す夢を見た」とつぶやく人が現れる。

狩俣集落（沖縄）　2020/2/17

ミュージシャン・上里洋志の故郷。宮古島の北端に位置する。かつては石垣の壁に囲まれており、入口の門はその名残り。ムトゥ、ザー、ウヤガンなど、狩俣特有の文化がある。

大神島（沖縄）　2020/2/17

宮古島の北に浮かぶ離島で「神の島」と呼ばれている。集落以外のほとんどの場所が聖域とされ、立入を禁じられている。また、秘祭ウヤガンは島民以外には絶対に見れない。

松が丘公園（兵庫）　2020/4/6

僕の地元舞子と明石市にまたがる明舞団地にある公園。明舞団地では不思議な現象が立て続けに起きたために祠を建てたが、そこに公園内にある松ヶ丘古墳の一部を祀っている。

二上山　悪王子社（富山）　2020/7/8

少女の生贄を貪る二上山に住む邪神は藤原秀衡に討たれ、悪王子社に封印される。しかし息を止めたまま社のまわりを７周半できたら復活するという。試みたけど４周で限界。

錦ヶ浦（静岡）　2020/7/15

熱海の観光名所で、超有名自殺の名所。自殺防止のため、痛そうな柵が続く。展望台の一段下に慰霊碑がある。

帝山大仁鉱山（静岡）　2020/7/15

伊豆市にあった金山跡地。現在は浮遊選鉱場の基礎部分だけが残っている。この近くの山神社へ木村さんと向かう道中、反対側から完全に三人目の足音が聞こえた。

ニュー道後ミュージック（愛媛）　2020/8/23

毎年夏に開催される「怪談ストリップ」。時計が16時27分で止まったり、市松人形が勝手に動いたりするという。この時期だけダンサーたちは怪談を演目に踊る。にしねとたらちゃんも来た。

清音比丘尼五輪塔（新潟）　2020/9/14

熊野比丘尼として佐渡島に渡り、のちに遊女町となる柄杓町を開いた佐渡の遊廓の始祖・清音比丘尼。彼女の五輪塔が総源寺にある。信長の娘・松君姫と同一人物という説あり。

北沢浮遊選鉱場跡（新潟）　2020/9/14

かつて東洋一と言われた佐渡島の鉱石の処理場跡地。佐渡鉱山の縮小とともに1952年閉鎖。土台のみの遺構となった姿は時を経て緑におおわれ、マチュピチュ感、ラピュタ感がすごい。

水金遊廓跡（新潟） 2020/9/14

1717年にはじまった佐渡島の水金町の遊廓は戦後まで続く。遊女の供養塔の横の看板には昭和10年当時の写真と地図が掲載され、現在でもその街並みが残る。

三毛別羆事件復元地（北海道） 2020/10/4

国内史上最大の獣害事件とされる「三毛別ヒグマ事件」の発生現場。夕闇の中、ヒグマ目撃情報の看板と、想定外の二頭目のヒグマの模型を見た時、心臓飛び出るかと思った。

天龍大御神（沖縄） 2020/11/18

那覇市天久にある御嶽。天龍大御神は沖縄に初めて降臨した龍神とされている。入口の看板がリバーシブルで一礼を促しているのが緊張感をあおる。

フィーフィーガマ（沖縄） 2020/11/18

かつてフィーフィー（キジムナー）が一族で棲んでいたという洞穴が、野甫島に隣接する小島（ジューマ）にあるフィーフィーガマだ。ジューマへは干潮にならないと行けない。

クマヤ洞窟（沖縄）　2020/11/18

伊平屋島北側の岩山にある巨大洞窟。「天の岩戸伝説」最南端地ともいわれている。ユタが霊力をつけるための修行場でもあるようだ。

ウシブタの牧場（愛媛）　2020/12/3

DJ たらちゃんが地元の山道をドライブしていたら、柵の向こうに、牛のようでヤギのような足の短い謎の動物が「ブー」と鳴いているのを見た。なぜか定期的にいなくなる。

生駒山（大阪）　2021/1/1

2021 年の元旦、生駒山を近鉄石切駅方面から登り、山頂で初日の出を拝んだ。その代償に痔が激烈に悪化した。

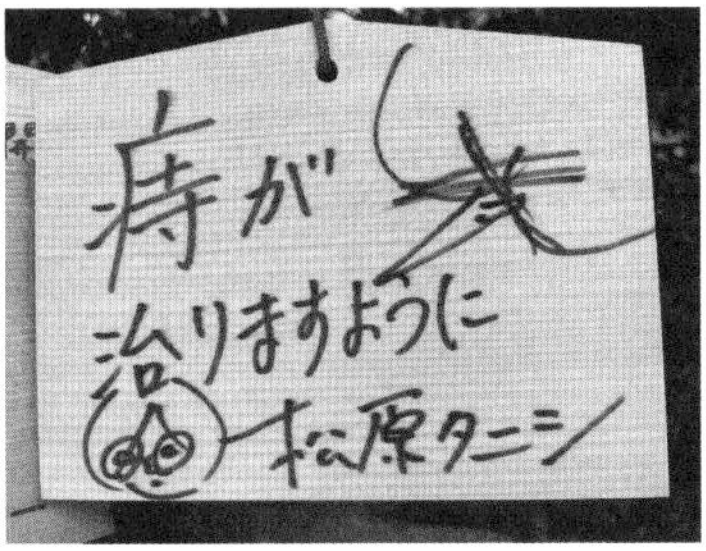

廣田神社（大阪）　2021/1/30

痔に霊験あらたかとされるアカエイを神の使いとする神社。すべてを失くすと言われた 2021 年、まずは痔の痛みをなくそうと思い、御祈禱してもらった。

この世とあの世の境界で死者への手紙を天国に届ける

僕のアルバイト先である金龍ラーメンの元同僚の是枝さんは、故郷の鳥取県境港の町おこしのため怪談ライブを企画し、毎年僕と田中俊行さんを呼んでくれる。

二〇一九年二月十一日、境港での怪談ライブの翌日に是枝さんの車で鳥取・島根の不思議スポットを朝から回る。

五億が当たる神社

まずは金持ちになれる金持《かもち》神社。是枝さんの奥さんはこの金持神社でお参りをしてから実際に仕事がうまくいきはじめたという。

金持神社がある鳥取県日野郡日野町は昔は玉鋼の産地で、原料の金（砂鉄）が採取できる谷がたくさんあったことが神社名の由来だ。その縁起の良い名前から、金運・開運祈願の神社として人気なのである。

境内へ向かう小屋には大量の絵馬があった。

「五億円当たりました！　ありがとうございました」

「サマージャンボ六億円当選しました」

「願掛けした所、思いがけなくたくさんの遺産を相続しました」

嘘だろ？　ここへお参りした人たち、めちゃくちゃ金持ちになってる。

僕は正直、何かの意図を感じていた。わざわざ当選したことを報告しに、こんな不便な場所までもう一度来るかね？　そしてその絵馬を他の参拝客に見えやすい位置にかけるかね？というか全国にこんなにも金持ちになった人が大勢いるのかね？　そもそもそんなに金持ちになりたいか？

「タニシくん、悪い目になってるで。もっと素直な気持ちでおらな神様に怒られるで」

田中さんに諭される。

この小屋は「願掛け当選絵馬」というスポットで、願望で書かれていると思われるものは省き、関係者が「これは本当に当たっているだろう」と感じた絵馬だけが厳選されているようだ。個人が特定される可能性のある情報はすべて削った上で展示されている。

僕は今まで自分のことで神様に願かけしたことがほとんどない。

唯一記憶にあるのは兵庫県の六甲山の頂上付近にある六甲山石宝殿で、絵馬に「全国ネットに出れますように」と書いてくくりつけようとした瞬間に、突風に見まわれて絵馬が谷底へと吸い込まれていったことだ。今ではこの体験はネタとしてよくしゃべっているが、実は当時は「やっぱりな」と心のどこかで納得していた。

そもそも神様の力を借りようとしていたことがまちがいなんだ。誰かの力ではなく、自分の力で成し遂げないと意味がない。このことで、よりそう思ったような気がする。

それ以来、というわけでもないのだが、昔から神様に何かをお願いすることには抵抗を感じていた。

金持神社の参拝はスマホのカメラで生配信した。

僕は願いの叶う絵馬を買い、「この生配信を今見ている人たちが一生お金で困ることなく過ごせますように」と書き込んで本殿の横にくくりつけた。いい格好しようとしたのもまちがいではないが、自分のことを書きたくないのも本心だし、配信をいつも見てくれている人は限られた人生の貴重な時間を費やしてくれているわけで彼らに不幸せになってほしくないなぁと思っているのも本心だ。

この「自分以外の人の幸せを願う行為」の正体がいまだに何なのかはわかっていない。

参拝後、田中さんが少しの間だけ行方不明になる。

戻ってきた田中さんに「どこ行ってたんですか」と聞くと、「いやちょっと……」とはぐらかす。実はこの時、田中さんは金持神社の御神木に百円玉をねじ込んでいた。そんな行動を取ってしまうほど実は田中さんにとって金銭問題は切実だったのかもしれない。

ちなみに田中さんはこのあと神戸に帰ってからというもの、もはや気持ちいいくらいにどんどんお金がなくなっていったらしく、後日こっそり金持神社を再訪し、御神木に自分がねじ込んだ百円玉を回収し、他の人がねじ込んだコイン（ほとんど外国の硬貨だったそうだ）も回収、それらは賽銭箱に入れ、木に向かって丁寧に謝罪したそうだ。

それからは一旦お金がなくなる流れは落ち着いたらしく、

「タニシくん、御神木にお金ねじ込むとか絶対やったらあかんで」

と言っていた。

金持神社の前で真剣な眼差しの田中俊行

百枚の短冊を海面に浮かべた橋津の海岸

続いて橋津の海岸へ向かう。

ここはつい最近亡くなった田中さんのおばあさんが幼少期に不思議な体験をした場所だ。

田中さんのおばあさんは鳥取県の出身で、六人きょうだい（男三人女三人）の三番目である。一番下の三男は、終戦を迎えた年に生まれた。この三男を産んだと同時に田中さんのおばあさんのお母さん（田中さんのひいばあさん）は体調を崩し、そのまま還らぬ人となってしまった。おばあさんのお父さん（田中さんのひいじいさん）もすでに太平洋戦争で亡くなっているため、戦後の混乱期の大変な時代に、田中さんのおばあさんのきょうだい六人は、生まれたばかりの三男の世話をしながら子供たちだけで生きていかなければならなくなった。

ある夜、長女が寝ていると、枕元にお母さんが現れた。お母さんは長女に「ごめんね」と謝ったあと、ある指示を出した。

「村中から和紙を集め、それらを短冊状に百枚切り分け、その短冊に一枚一枚ある言葉を書いて、橋津の海岸に流しなさい」

そうすればあなたたちはきっと楽になるからと。

翌朝、長女はきょうだいを集めて説明し、お母さんの指示通りに和紙を集めて〝ある〟言葉をすべてに書いた。当時幼かった田中さんのおばあさんはその言葉が何なのかはわからなかったという。

　そしてお父さんお母さんと遊びに来たことがある思い出の橋津の海岸に行き、百枚の和紙を海面に浮かべた。バラバラに浮かんでいた和紙は徐々に横一列になっていき、きれいに一列に並んだ瞬間、

〝ス――――――――――ン〟

　いっせいに沖へと吸い込まれるように消えていった。

　その後、家に帰ると、末っ子の三男の様子がおかしいことに長女が気づく。さっきまで元気だった三男が息をしていない。そしてそのまま三男は息を引き取った。

「もしかしたらお母さんが私たちを不憫に思い、一番手のかかる三男を連れていってくれたのかもしれない……」

　皮肉なことに、三男が亡くなったことによって残されたきょうだい五人は、その後なんとか生き抜くことができたという。


「ええ話やろ」

　田中さんがおばあさんから実際に聞いた話だという。

　海岸へ到着すると、田中さんは手に何枚もの紙を握っていた。それ何ですかと聞くと、

「おばあちゃんの戒名。あ、ちゃうわ、浄土真宗やから法名か。おばあちゃんのお姉さんが夢の中でひいおばあちゃんから聞いた和紙に書く言葉が何なのかわからへんから、とりあえずおばあちゃんの法名を書いてきたわ」

その紙、どうするんですか？

「これを橋津の海岸に流すねん。おばあちゃんに、お母さんと弟さんのところに行ってもらおうと思って」

粋なこと思いついたもんだ。


橋津海岸は二〇〇四年に羽合町、泊村、東郷町が合併して誕生した湯梨浜町にある。旧羽合町にあった橋津海岸は、姉妹都市のハワイにちなんで現在は「ハワイ海水浴場」と名づけられている。海の中の岩場に立つ海鳥居が、打ちつける日本海の荒波と相まって神々しくもあり、近寄り難い雰囲気がある。

冬の海。激しい潮風を浴びながら田中さんは海へ突き出した足の悪い岩場を進み、その先端から和紙を海へ投げ入れた。

和紙は風にあおられ、海鳥居のある岩の前でペタペタと海面にへばりついていく。

しかし激しく揺れる海面に、一列に並ぶ様子はなかった。

「これ、最後の一枚。これだけちょっと他の紙よりええ紙やねん。これがほんとのおばあちゃんやから」

　そう言い終えた瞬間、田中さんの掲げた手から奪い取るように強風が和紙をさらい、ヒラヒラと宙を舞ったあと、ヒュ――イと海鳥居の岩の向こう側へ吸い込まれていった。

「おばあちゃん、行きよったなぁ」

　ス――ンではなく、ヒュ――イだったが、最後の一枚だけはまちがいなく岩場の向こう、日本海へ旅立った。

　田中さんは怪談を自分の物語に昇華している。それはとても自然な行為に見えた。

黄泉《よもつ》比良《ひら》坂《さか》の天国ポスト

　最後に島根まで行き、黄泉比良坂へ連れていってもらった。

　あの世とこの世の境界として日本神話に登場する黄泉比良坂。それが島根県松江市東出雲町に実際に存在する。この場所はイザナギとイザナミの別れの地である。

　日本神話におけるはじまりの神々であるイザナミとイザナギは、世界をつくるたくさんの神々を生み出した。しかし最後に火の神カグツチを産んだ時に、熱によって母イザナミは大火傷を負い死んでしまう。

嘆き悲しんだイザナギは、黄泉の国に去ってしまったイザナミに逢いにいく。しかしすでに黄泉の物を食べたイザナミは、もとの世界に戻れない。黄泉の神々と相談して方法を探そうとするが、その間、自分の姿を見てはいけないとイザナミは言う。しかしイザナギは我慢できずに灯りをともして見てしまう。イザナミの姿は体が腐り、ウジがたかり、八つの雷神を宿しているおぞましいものだった。恐ろしくなったイザナギは逃げ出すが、約束を破られ、醜い姿を見られてしまったイザナミは激怒し、ヨモツシコメたちに追わせた。イザナギは髪飾りをブドウやタケノコに変化させて追手の注意をそらし、この世とあの世の境界である黄泉比良坂まで逃げのびる。イザナギは生者の世界に生えていた桃を投げつけ追手を追い払い、黄泉比良坂を千引の岩でふさいで生者の国と死者の国を完全に分断する。これにイザナミはさらに怒り、「あなたの国の人を一日千人殺す」と宣言。イザナギは「ならば一日千五百の産屋を建てて産ませよう」と返したという。

この話に出てくる黄泉比良坂が、出雲

実際の黄泉比良坂

国の伊賦夜《いふや》坂のことであるといわれている。

実際は特に何の変哲もない山道の坂で、黄泉の国とされる坂を下りたその先は、住宅地だ。ということはこのあたりの住民は黄泉の国の人たちになるのだろうか。ある意味すごい。

伊賦夜坂（黄泉比良坂）には千引の岩とされる巨岩も置かれている。さらにイザナギがヨモツシコメに投げたとされるヤマモモの木もある。そしてそのすぐそばに、木製の簡易なポストが置かれていた。

天国ポスト

天国ポストだ。

このポストは、いつでも誰でも死んだ人へ向けて手紙を書いて投函することができ、一年に一回、溜まった手紙をお焚き上げして天国へ届けてくれるらしい。

そもそもイザナミとイザナギが別れた場所として、これまでも故人をしのぶ多くの人たちが訪れてきたという。そこで、手紙を書くことで悲しみを少しでも癒やしてもらおうと、東出雲ライオンズクラブと黄泉比良坂を管理する黄泉比良坂神蹟保存会がここに手製のポストを置いた。毎年六月にはお焚き上げをして、集まった手紙を天国へ届けるそうだ。

夜、田中さんは神戸に帰り、僕は一人で再び黄泉比良坂へ向かった。

途中、イザナミを祀る揖夜《いや》神社も寄った。その時すでに深夜一時半だった。

深夜二時、黄泉比良坂へ到着。

あの世とこの世の境目。丑三つ時のこの場所は、より黄泉の国へと近づいている気がする。

しかし目的は恐怖ではない。恐怖を体感するための真夜中の探索は、今の僕にはもう興味が失せてしまっている。

ここへ来た理由は、天国ポストで黄泉の国とつながることだ。

僕は何のために心霊スポットを巡っているのか。

その先にいったい何があるのか。

心霊スポットへ行く理由。僕が旅に出る理由。

僕はこれまで明確なそれを見つけられずにいた。島を巡っても、妖怪を追いかけても、自殺の名所に行っても、確かなそれは見つからない。

しかしこの日は橋津の海岸で、怪談と同化した田中さんを見た。これができるのは、田中さんがオカルトをちゃんと好きだからなんだと思った。

じゃあ自分はどうなんだろう。

僕はオカルトに飽きてしまっている。

ワクワクするものがなくなっている。

それはなぜか。

好きが薄れてしまっているから。

あれ、自分はもともとオカルトを好きなんだったっけ？

もちろん嫌いではない。むしろ子供の頃からわりと好きな方だ。でも「めっちゃ好き」なわけではないはず。こんなにも追い続けているのは、事故物件に住みはじめたからだ。そこに居場所を求めたからだ。そうだ、これは仕事だ。

じゃあ僕が本当に好きなものって何だろう？

わからない。

嫌いなものならある。それは嘘とごまかしと無駄。

嘘とごまかしは無駄を生む。

信じたものに裏切られたら、信じてた時間が無駄になる。

これ、オカルトに関係してるかも。

オカルトには信じられる神秘と意図的に作られた神秘がある。

あ、そういえば意図も嫌いだな。意図というか、誰かの意図による嘘に加担したくない。

その先に何もないことをわかっているのにごまかすのが苦痛なのだ。

僕は思ってもないことを言いたくない。

裏切らないもの。無駄にはならないもの。

それは、自分で体験して得たことだけだ。

僕は生配信で手紙を書いてほしい人を募り、代筆して天国ポストへ投函することにした。

「母の元カレさんへ　もう母の元へは来ないでください　お願いします」

「お父さん、私がいくまであの世で元気にしていてください」

「おばあちゃんへ　会いたいです　間に合わなくてごめんなさい」

「じいちゃんへ　今年もばあちゃんに誕生日プレゼントあげといたよ」

「なづなへ　また会おうね」

「妹へ　あの世でもオシャレして素敵な彼氏作ってね」

天国への手紙がお焚き上げされる

代筆した言葉にそれぞれどんな想いがあるのかは、僕にはまったくわからない。正直、僕には関係のないことだ。ただ、それぞれの中では届いているんだろうと思った。それは嘘ではない気がした。

だから僕は手紙を書いた。人のために代筆した。それは何かがわかりかけそうな気がした自分のためでもあった。

「自分以外の人の幸せを願う行為」、これが何かはまだわからない。

しかし一つだけ、誰にでも当てはまる、自分にも当てはまる、普遍的なものがあることに気がついた。それは嘘やごまかしを含まない未知のもの、「死」。

死は誰にでも訪れて、誰の大切な人にも訪れる。それは疑いようのないホントのことで、そこに何かしらの「想い」も存在する。それでいて誰にもわからない。

だからきっと、自分だけのものではなく、自分のものでもあるのではないかと思えた。僕が探していたのは、こういうことなんじゃないかと思った。

結局、朝まで黄泉比良坂にいた。安来駅まで歩き、朝六時十二分発のＪＲ特急やくもに乗って、ラジオの生放送出演のため名古屋に向かった。

それから四ヶ月後の二〇一九年六月十六日。

前日はＯＫＯＷＡ（怖い話の大会）が開催され朝まで大阪で打ち上げだったが、午前十時からの天国ポストのお焚き上げに参加するため、始発の新幹線に乗って再び安来駅へ。

黄泉比良坂に着いたのは午前十時半だったが、そのタイミングでちょうどお焚き上げがはじまった。

ものすごい雨だったのだが、お焚き上げがはじまる時間から雨がぴたっとやんだ。

神主さんが祝詞をあげる中、この一年で集まった千五百七十通の手紙を順番に火の中へ入れていく。

すべてを燃やし終わり、その場に集まったみんなで黙禱を捧げる最中、突然スコールのような雨が降る。やがて五分で雨はやみ、雲間から嘘のように光が差した。

きっと偶然のタイミング。

だけど、手紙が天まで届いて、空から涙のような雨が降ったようにも見えた。そういうことにしてもいいと思った。

さっきまでの雨が嘘のよう

沖縄激戦地と防空壕でありったけの地獄巡り

僕はまだ死を知らない。

そもそも今の僕のはじまりは事故物件。事故物件から心霊の世界に足を踏み入れ、表現の場として怪談にたどり着く。当たり前だが怪談は死を扱う。死は恐怖と同時に悲しみや憎しみや怒りを伴う。その分量は当事者や個人によってさまざまだ。どこまで触れていいものか、どこまで怖がったり楽しんでいいものか。線引きは非常にあいまいである。いや、その前に線を引く必要があるのか。触れてはいけないようにすることで、見えないままになってしまっていないだろうか。

二〇一九年十月、沖縄の書店での出版イベント翌日、那覇で九軒目の事故物件を契約する。

本島（沖縄）にあって本土（沖縄以外の日本）にないもの。それは御嶽《うたき》（琉球神道における聖域）、ユタ（沖縄の民間霊媒師。奄美諸島にも存在する）、風葬（遺体をそのまま放置して風化を待つ葬儀の形式。平安時代の京都の一部地域にもあった）、そして沖縄戦跡地。あとハブ（奄美諸島にはいる）。

僕はまだ沖縄をよく知らない。だから部屋を借りることで無理やり縁を作ってみた。

翌月、借りた沖縄の部屋を拠点に、レンタバイクで一人、沖縄本島南部を探索する。沖縄には「ガマ」と呼ばれる鍾乳洞が多い。有名な〝おばけマンション〟も防空壕として使われたガマを壊して建てられたという噂があった。沖縄本島には約二千ものガマがあり、かつては風葬の場としても用いられ、戦時中は改造して防空壕や病院として利用された。

僕はまだ戦争をよく知らない。だから防空壕を巡ることで無理やり知ろうとしてみた。

そうして僕は僕なりの方法で戦争から見える死の取り扱い方を探ろうと思った、ここ沖縄で。

真夜中の壕巡り

まずは家から南へ向かって一番近い防空壕、那覇市の南側にある海軍壕公園へ行く。この公園には旧海軍司令部壕がある。ここは現地の人から「とても空気が重い場所」と聞いていた。なので自分が行くとどう感じるのか確かめてみたかった。

しかし公園のゲートが閉まっていたため、中には入れなかった。夜七時で閉めてしまうそうだ。なるほど、夜は入れない防空壕があるのか。そもそも家を出たのが深夜〇時を過ぎてからなので、あきらめる。

糸満市へ入った頃は深夜二時を過ぎていた。

那覇から糸満へ続く国道３３１号線の途中の交差点のそば、たどり着いたのは轟壕《とどろきごう》。

ここは沖縄戦がはじまる前から地域住民の避難壕として使用され、最大千人以上の住民や日本兵が避難していたとされる。また、ここへ避難した当時の沖縄県知事が県庁解散を宣言した「沖縄県庁最後の地」でもあるという。

案内板を読んで改めて気づくことだが、この壕でも多数の死傷者が出ている。そしてこういった悲劇の防空壕は、自分が知らないだけで他にいくつも存在する。

轟壕の入口は、ガジュマルの枝から垂れ下がったヒゲのような気根がのれんのように内部を隠している。緊張感がこみ上げる。それは心霊的な恐怖とかではなく、何を感じるか・感じないかの得も言われぬ不安と、現実的ハブへの恐怖である。とにかくライトを注意深く照らして、足元の安全とハブがいないかを確認しながら慎重に降りていく。

壕の中はとても広い。足元はしっかりと階段が整備されている。とはいえ足を滑らせると危ない。なんといっても深いのだ。

しばらく奥に進むと、人一人通れるかぐらいの穴が出てきた。ほぼ垂直な穴だ。その先も階段は続く。で、その穴の向こう側がおそらくもっと広い。しかし、これ以上進むのは無理だと思った。物理的に引き返せなくなる気がしたのだ。

しかも、あることに気づいて愕然とする。僕が降りた階段は、大きく口を開けた洞窟の導入部でしかない。つまり、壕の中に入れてすらいなかったのだ。

現実味が湧かない。この狭い穴の奥に、千人もの人間が入っていたなんて。僕は何を感じるかの前に、感じるところまで自分がたどり着けない現実を知るのだった。

轟壕から南東へバイクを走らせること十分。もうすでに沖縄本島の南端近くまで来ている。国道から外れ、畑のあぜ道を進んだ先の小さな森に、陸軍病院山城本部壕がある。

ここももともと地域住民の避難壕だったが、沖縄戦末期に南風原《はえばる》から沖縄陸軍病院本部の医師や看護師、衛生兵、女子学徒隊らが避難してきて負傷兵の対応を行った。しかし爆撃で病院長が戦死したため、陸軍病院本部は伊原第一外科壕や伊原第三外科壕（ひめゆりの塔）などに

轟壕の本当の入口

分散された。

案内板を見て、ここはひめゆり学徒隊が逃げてきた場所だと知る。実は数年前にひめゆりの塔へは寄ったはずなのに、まったく理解できていなかった。

壕の中は広い。いや、広いは広いけれど洞窟の奥にはすぐに池があり、地面は土砂で足場も悪い。ここに何十人も集まって、負傷兵もいて、野戦病院にしていたなんて、想像を絶するとはこういうことか。想像ができないから何も感じることができない。しかし、こんな悪条件の中、確かにここで人々は生きるか死ぬかの時間を過ごしていたのだ。

この場所でも入口に落ちた直撃弾によって病院長を含む多くの兵士と学徒が亡くなっている。それによって陸軍病院本部は解散、残された者は米軍の砲弾が飛び交う鉄の雨の中をさまようことになる。


バイクであぜ道を五分走り、伊原第一外科壕へ行く。この移動の間も戦時中ならいつ撃ち殺されてもおかしくないと考えると、少しだけゾッとする。

ひめゆりの塔からわずか数百メートルの位置にある伊原第一外科壕は、南風原陸軍病院の分院として使われていた糸数アブチラガマや陸軍病院山城本部壕から撤退してきた、ひめゆり学徒隊を含む医療スタッフが避難してきた場所だ。

ここでもいうまでもなく、病院職員や学徒らが砲弾で死傷、息絶えた負傷兵、壕を出たあとに殺された、あるいは自決した人もたくさんいた。

壕の中は狭かった。斜面が急で、滑り落ちるとその奥の大きな池に落ちてしまう。当時はここに二百人も避難していたというから、池の大きさはもっと小さかったのかもしれない。天井には千羽鶴が吊るされていた。ひっそりと、ただひっそりとしていた場所だった。


ひめゆりの塔に着いたのは、まだ暗い十一月の明け方五時だ。

僕はこの日、何も知らないまま陸軍病院山城本部壕と伊原第一外科壕を回ったことにより、やっと、ひめゆりの塔が伊原第三外科壕に建てられている意味を理解した。誰もいない静かな塔の前の看板で、じっくりとひめゆり学徒隊が戦時中にたどった足跡を把握した。

伊原第三外科壕は、その前に巡った二つの壕と同じく、南風原の陸軍病院を撤退した病院関係者とひめゆり学徒と負傷兵が避難した。その中でも、米軍の黄燐手榴弾などの攻撃により壕にいた大半の人々が亡くなった、もっとも被害の大きかった場所だ。

そして行き場を失ったひめゆり学徒を含む生存者は、本島の南の端である喜屋武岬と荒崎海岸にそれぞれ追い詰められ、ある者は撃たれ、ある者は自決して亡くなった。


僕は二年前に喜屋武岬を訪れている。その時は後輩のにしね・ザ・タイガーが何かに憑依されたのかヨタヨタと崖に吸い込まれそうになったこともあり、戦争を想起するには至らなかった。荒崎海岸はその存在も、そこに「ひめゆり学徒散華の跡碑」があることも初めて知った。

少女の自決と少年の骨

午前六時。荒崎海岸に着いた僕は、違和感をぬぐえなかった。

まだ薄暗い海岸を懐中電灯で照らした時、その低さに驚いた。喜屋武岬の高さを知っているだけに、荒崎海岸は自決するにはあまりにも低すぎる崖だった。およそマンションの三階くらいの高さだろうか。これでは飛び降りても負傷はすれど、おそらく死には至らない。いったいどういうことなんだろう。

ひめゆり学徒散華の跡碑はゴツゴツした岩の目立たない場所にある。目印は潮風に吹かれて揺れる、岩に引っかけられたカラフルな千羽鶴だ。これがなければ見つけるのは困難だ。散華の跡碑の横で途方に暮れていると、だんだんと夜が明け、寂しくも美しい太平洋の海がはっきりと見えてきた。

何もない水平線。この水平線がアメリカ艦隊にびっしりと埋め尽くされているとしたら……

その時、僕は、死ぬしかないだろうなと思った。頭に浮かんだ勝手なイメージには、絶望しかなかった。

彼女たちはこの海岸にたどり着き、目の前で先生が射殺され、友達が銃撃され、残された学徒数名は手榴弾で自決している。

僕はここまで来てやっと、イメージが湧いた。

僕はこのあと、沖縄師範健児之塔へ行く。それは沖縄戦終局の地、摩文仁《まぶに》の丘の下にある、沖縄師範学校男子部の生徒によって編成された「鉄血勤皇師範隊」を祀った慰霊塔だ。鉄血勤皇隊とは、伝令や通信、爆弾を抱えて飛び込む〝斬り込み〟などの任務を行った、十四〜十七歳の学徒隊である。

この塔の先に摩文仁の丘へ続く階段があり、その途中の脇道にある壕の中に、健児之納骨堂がある。少年兵たちは軍の解散命令のあと、斬り込みで攻撃したり手榴弾で自決したり、米軍の火炎放射などを浴びせられ多くの命を失った。

荒崎海岸から見た太平洋。当時はこの水平線に無数のアメリカ艦隊が見えたはず

壕には火炎放射の跡が残り、納骨堂には十代男子の骨がそのままの状態で納められている。

洞窟の低い天井まで石垣のように積まれたブロックの壁の向こう側が納骨堂だ。壁の正面には、おそらく鉄血勤皇隊の生存者や関係者が集まった時のものであろう記念写真と、ボロボロになった岩波文庫の般若心経の文庫本が置かれていた。

僕はブロックの壁の側面に、わずかなすき間が空いていることに気づく。そこから懐中電灯の光を照らすと、骨があった。七十年以上も前の、少年兵らの太くてしっかりとした骨がそこにたくさんあった。これはイメージの話ではない。リアルだ。映画を見ても本を読んでも話を聞いてもわからなかった戦争が、確かにここにあったんだと、実感せざるをえなかった。

健児之納骨堂。右下に写真がある

摩文仁の丘には沖縄師範健児之塔の他に、さまざまな慰霊碑、慰霊塔が建てられていた。各県出身地別戦没者の慰霊塔や、司令官と参謀長を祀った慰霊塔、沖縄県知事と県職員を祀った慰霊塔、沖縄戦に参加した日系二世の米兵が地元の人と身元不明の兵士や住民の遺骨を集めて祀った慰霊塔など、すさまじい数の戦没者が祀られている。

「ありったけの地獄を集めた」といわれる沖縄戦では日米両軍と民間人らを合わせると死者が約二十万人にのぼる。そのうち沖縄県出身の日本兵と民間人は十二万人以上で、県民の四人に一人が亡くなったといわれている。

摩文仁の丘を下りると、平和祈念公園がある。早朝の平和祈念公園の平和の丘は、広くて静かでとてもきれいだった。しかし、あまりにもきれいなその景色に、おびただしい数の死者のイメージは湧かなかった。

重い空気の正体

それから一ヶ月後の二〇一九年十二月、今度は沖縄本島中南部の戦跡を回る。

浦添城跡は、琉球王国誕生前に沖縄中部を支配していた中山王が築いた城（グスク）の跡である。北側には琉球王国時代に作られた「浦添ようどれ」と呼ばれる陵墓がある。

この史跡は沖縄戦で「前田高地」や「ハクソー・リッジ」と呼ばれ、日本軍にとっては軍司令部のある首里を守る防衛線、米軍にとっては沖縄攻略の重要地点だったため、両軍はこの地で約十日間にわたり激しい戦闘をくり広げた。

安全柵が設けられた崖の上から見下ろす沖縄市街地の夜景はとてもきれいだった。この景色の向こう側から米兵が崖をよじ登り、日本兵が迎え撃つ。結果、日本軍も米軍も膨大な死者を出している。そして戦火に巻き込まれた地域住民も多くの命を落とした。

ただでさえこの丘は城でありお墓なのに、その周りで尋常じゃない数の人が死んでいる。

しかし、僕には想像できなかった。

丘を下りる途中、顔の横あたりから突然、音がした。

〝バタバタバタ！〟

鳥か？　いや姿は見えない。足音、あるいは銃声だろうか、わからない。

すると、目の前には「ディーグガマ」と書かれた道標が立っていた。その先の階段を下りると千羽鶴でふさがれたディーグガマが現れる。穴の入口は網が張られて中には入れなかったが、さっきまで感じなかった生々しい何かを感じた。

案内板にはここが御嶽であることと、戦後すぐは納骨堂として戦没者の遺骨が納められていたことが書いてあった。

さらに丘を下りると今度は「クチグヮーガマ」と書かれた案内板が現れた。ここは十世帯の家族が避難していたが、最終的には三世帯の家族になったと書いてある。ガマの入口は同じくふさがれていたが、さっきとはちがうゾッとした感覚に襲われた。それは何かを感じたということではなく、追いきれない防空壕の数の多さへの「ゾッ」だった。

前田高地をあとにして、読谷《よみたん》まで北上する。

集落から少し離れた林の中に、チビチリガマはあった。

一九四五年四月一日、沖縄本島中部西海岸の読谷村から米軍が上陸し、チビチリガマに避難していた住民たちは「米軍に捕まれば虐殺される」と信じ込み、その翌日に集団自決した。二〇一七年、肝試しに来た少年ら四人が立入禁止のチビチリガマ内部に侵入し、看板や額、千羽鶴などを破壊して問題となったニュースが記憶に新しい。

この時、僕が知っていた情報はこれだけだった。

壕の入口へ下りる階段には「防犯カメラ常時作動中」の看板があった。少年らの影響もあるのだろう。

階段を下りると、珍しく足がすくんだ。

なんだこの緊張感。なんだこの圧迫感は。

チビチリガマは深さ一〇メートルほどのV字型をした谷底にある。このチビチリガマにたどり着くまでに、物悲しい顔をした野仏があちこちにあった。また、どこから流れているのかわからない、聴き取れそうで聴き取れない何かの歌がずっと流れている。

　こわい。

「怖い」じゃなくて、何かが「こわい」。いや、重い。

　明らかに今まで見てきた防空壕とは空気がちがっている。

　チビチリガマの入口は、ものすごい数の千羽鶴が吊るされていた。そしてこれ以上先への侵入を拒む看板にはこのように書かれていた。

> 見学者およびボランティアでの案内者へ
> 　これから先は墓となってますので立ち入りを禁止します。ガマの中には私達、肉親の骨が多数残っています。皆様が、ガマに入って私達の肉親を踏み潰していることを私達は、我慢できません。
> 　参拝は再建しましたチビチリガマ世代を結ぶ平和の像でお願いします

　この看板を見て、この重い空気の正体がわかったかもしれないと思った。

　これは、遺族や関係者の方々の「念」ではないだろうか。

　チビチリガマの集団自決は、半数が十二歳以下の子供だった。中には自決に反対する人もたくさんいたが、元日本兵が布団に火をつけ、パニック状態に陥った中で、母親が自らの手でわが子を包丁で刺し、看護婦が楽に死ねるようにと毒薬の注射を打ち、それぞれの肉親同土で命を奪い合う凄惨な現場となった。

　そしてこの真相が明らかになったのが一九八三年。終戦から三十八年間、生きのびた人々は誰もチビチリガマについて口を開かなかったのだ。

　その後、遺族会が結成され、戦争の悲惨さを風化させないよう「チビチリガマ世代を結ぶ平和の像」が作られ、遺骨をガマの中に残した。しかし骨が踏んづけられ、持ち去られ、像が壊され、立入禁止にせざるをえなくなった。

　そして二〇一七年の少年らによるガマ荒らし。

　実はこのチビチリガマに点在する物悲しい顔の野仏は、その後、遺族らとともに少年たちが製作したものだった。

チビチリガマ

　僕がチビチリガマで感じたのは、念というか、生きている人の放つその場所への強い想いが、空気の重さになって現れたものではないかと思った。

人は裏切る、遺体は裏切らない
遺体管理人が見つけた居場所

沖縄に部屋を借りてから新型コロナの影響もあり、なかなか行く機会が減っていた。そんな中、ＳＮＳである人がまた新たな沖縄の事故物件情報を提供してくれた。しかし僕はそれよりもその人の肩書きが気になった。

「遺体管理人」……何だろうこれは。

二〇二〇年十一月、再び沖縄を訪れる。そして遺体管理人に直接話を聞くために会いにいった。

事務所の前に着くと、黒のウインドブレーカーに黒のパンツ姿の女性と一匹の小型犬が出迎えてくれた。

彼女の名前は嘉陽果林さん。沖縄県で唯一の遺体管理専門会社「おもかげ」の代表だ。現場担当は嘉陽さんただ一人。つまり沖縄県で唯一の遺体管理人である。ちなみに小型犬はチワワで、名前は「ウシ」。

さっそく遺体管理人とはどういう仕事なのか聞いてみた。

遺体管理人の仕事

葬儀社からの依頼でお通夜から火葬までの遺体の状態を管理するのが遺体管理人の仕事だ。遺族や参列者が故人と対面できるように、遺体の見栄えを整えるのがおもな業務であるという。

「人は生きていると管理されてるけれど、亡くなると管理されなくなります。だから私がいます」

そう嘉陽さんは言う。

火葬されるまで、遺体はそのままの状態で置かれてしまう。最後の別れの瞬間をしっかりと迎えられるように、「遺体の管理」は遺族の選択肢の一つとしてあるという。

嘉陽さんは以前、納棺師、いわゆる「おくりびと」として働いていた。

では、納棺師と遺体管理人のちがいは何か。

納棺師は遺体にメイクを施し、着付けをして、納棺するのが仕事。遺体管理人は荼毘にふすまで「遺体が変わらないように管理する」のが仕事である。

嘉陽さんは納棺師時代、経験を重ねていくうちにさまざまな疑問が増えていった。

なぜ遺族と一緒に着付けをせずに遺族が見守る中、納棺師一人でやるのだろう？　本来「故人をおくる人＝おくりびと」とは遺族のことなのではないか？

そして「私はおくりびと（遺族）を手伝う黒子になりたい」という想いが強くなり、「遺体への着付けをいかにきれいにできるか」を意識して働くようになった。

そんなある時、遺体から流れ出ていた漏液がピタッと止まる不思議な現象を目の当たりにし、「このメカニズムを知りたい」と思った。それからは遺体そのものに興味が湧き、医学と医療を勉強した。すると、自分が今まで信じていたことは科学的根拠のない、先輩から後輩への伝承であることを知る。

たとえば多くの人が病院で点滴（輸液）をするが、死ぬ前は排泄がほぼできない状態なので体内で輸液過多になってしまい、顔も身体もパンパンに腫れ上がる。土偶みたいな目や口になるのが特徴だが、そんな遺体は胸に溜まった黄色や赤色の液体が、死後悪臭を放ちながら鼻口から逆流してくる。病気で胸に水が溜まっているご遺体も、鼻口から漏液して、死後の劣化も早い。

今までの先輩の教えでは、〝遺体から出た液体は止まらない〟だった。実際に遺体の身体を傾けて、口に溜まった液体を出すことしかできなかった。遺族にも何度もそのように説明して、「しかたないですよね」とあきらめてもらう。

ところが実は、漏液は止まらない場合もあれば止まる場合もある。

それは遺体には個人差があることを示していた。

死因と、どのような治療をしてきたか、どのような環境で死亡したか、どのように葬儀社に引き継いで今に至るのか、ということがその遺体の現象のすべてであると気づき、今までは同一の処置を遺体にしてきたが、これからは遺体に合った処置をすべきだと考えた。

また、多くの遺体従事会社が一回だけのメイクサポートのみで、火葬するまでアフターフォローに行くわけではないことも知った。

その後、遺体の専門知識や遺族の感情をサポートする「グリーフケア」について勉強し、「遺体をいかに美しいまま保たせることができるかを追求したい」と思うようになった嘉陽さんは、「儀式」としての納棺師の仕事ではなく、遺体を旅立たせるための手伝いを本格的にしたいと思うようになり、独立した。

嘉陽さんは今まで約四千体以上の遺体と向き合ってきた。

　病気、事故、自殺、他殺、孤独死……さまざまな経緯で遺体となった人間の姿。自分が関わったそのすべてをできるだけおだやかな、安らかな顔にした。

安心できる遺体の三原則

「ご遺体には『安心できる三原則』があります。何かわかりますか？」

　何だろう。

　苦しそうじゃない、悲しそうじゃない、怖くない、とかだろうか。

「正解は、目を閉じている、口を閉じている、肌色である、ということです」

　あ、なるほど、そういうことか。


　ケガで損壊してしまった、病気でやせてしまった、顔の色が変わってしまったなど、人の死に方はそれぞれだ。そんな遺体の顔を見て、遺族ですら怖がることもある。嘉陽さんは「これをなんとかできないだろうか」と感じ、遺族が遺体の死を受け入れるためにも、しっかり寄り添えるような顔が必要であると思った。

　そのための方法としてメイクがあり着付けがあり、むくみを取ったり、うっ血をなくしたり、ふっくらさせたり顔の腫瘍の切除をしたりと、すべて独自で模索した。自分で薬品や化粧下地を作り、遺族が思う「生前の輝いていた顔」に戻るように独自に研究した。

そうしてたどり着いたのがこの三原則。

この三つの状態をクリアしていれば、遺族や弔問客は、比較的動揺しないで遺体を見ることができるという。

人は悲愴感がある遺体の顔を見て「故人は苦しんで死んだんじゃないか」と勝手に決めつけ、勝手に不幸な死にぎわを想像してしまう。しかし遺体がおだやかな顔であれば、そこに安心が生まれることに気づいたのだ。


しかし遺体管理人の仕事はそれで終わりではなかった。

遺体は変化する。

世の中には死亡直後の遺体の顔を見て「火葬するまでその顔のままでいる」と思っている人がかなり多い。しかし眠っているような状態は死亡後二十四時間までで、遺体は時間の経過とともに予想もしない変貌を遂げてしまう。さらにその後、十二時間ごとに着実に変化が顔に出てきてしまうので、そこをしっかり変わらないように管理することを心がけた。嘉陽さんのサポートは、茶毘《だび》にふすまでだ。

嘉陽さんは遺族に遺体の手を握ってもらうことも勧めている。この行為で家族とのつながりを認識してもらうのだ。

また、基本的には遺体のケアは遺族と一緒にすることも多い。そうすることで「最後に何かできてよかった」と思ってもらうことができるそうだ。

「あの時、手伝っておけば……」

後に遺族が心残りに思うことがないように、遺族のケアも考えている。

「遺体従事において、ありがとうでご飯食べている人の考えは危険だと思うのです。感謝されたいがためによけいなことをしてしまうことが多いですから。あくまで主役はご遺体です。この仕事に限ったことではないですが、その方が何を希望して、それに対してこちらが何を提供できるのか、それでご遺族が満足したのか。それがすべてだと考えています」

故人、そして辛く悲しく苦しい遺族の気持ちは本人でなければ絶対にわからないと、嘉陽さんは言う。だからこそ主観を入れずに黒子に徹し、専門家として遺体と遺族に寄り添うことを心がけている。


ここまで聞いて、嘉陽さんは自分の仕事にほこりを持ち、とても真摯なんだなと思った。

しかし僕は嘉陽さんがなぜそこまで死者に対して博愛的になれるのかが気になった。

「人間は裏切るじゃないですか。ご遺体は裏切らないんですよ」

ゾッとする言葉だった。

彼女が遺体に従事する理由。それは嘉陽さんのそれまでの人生にあった。

「家族の愛情とか絆とか、道徳観、倫理観、そういう人間をつくる上で大切なものがなかった家庭で育ちましたが、それが私の人格形成や生き方などのすべてでした。人間を信じる、信用する、大切なものを守るとか、守られるとか、そんなことができない私が、裏切らない何かを探していたのは必然だったと思います」

そんな折、納棺師の仕事をはじめた嘉陽さんは、遺体の周りに集まる遺族の絆を目の当たりにした。死者の前に親族たちの絆と愛が集結する。極めて何かが足りない状態の中で育った自分にとって、あまりにも素晴らしい完成形の世界に見えた。


ある時、亡くなった主婦の遺体におむつがはかされていた。それを見た夫が「パンツをはかせられますか？」と言って、自分のトランクスを持ってきた。「むくんでて苦しいと思うから自分のパンツをはかせてください」と。

またある時は、遺体の横に朝昼晩の食事が用意されていて、デザートのイチゴまでちゃんとヘタが取られた状態で置かれていた。

そこには「大切な想い」の存在が見えた。

遺体への愛は偽善が働かない。気持ちしかない。

「ご遺体はこんな私でも受け入れてくれました。ご遺体の予後予測ができることで、私にとってみたら生まれて初めて裏切らない大切な方を見つけることができました。ご遺体にも明日があり、その明日を守ろうと一生懸命になっていたら、ご遺族と信頼関係を結ぶことができ、葬儀社にも良い評価をいただくことが多くなりました。私の居場所をようやく見つけることができた、と感じました。小さい頃から、家にも、どこにも自分の居場所がなかった私は、ご遺体に一生を捧げることで共依存することを決めたのです」

だから遺体は裏切らない……。

僕にとっての裏切らないものって何だろう。嘉陽さんのように一生を捧げることができるくらいの。

ところで今まで数々の遺体と過ごした中で不思議な出来事はなかったのだろうか？

「この仕事で不思議な現象が起きたことはほとんどないです。ただ、つい最近こんなことがありました。ご遺族はご遺体におだやかなお顔を望まれているので、それに応じることでたいていは死を受け入れてもらえるのですが、自殺や事故、急死の場合は、遺族が死を受容できぬまま荼毘にふされてしまい、その後かなりの死別悲嘆が続いてしまうことが多いのです。そのご遺体も急死された方だったんですけど、故人と離れることができないご遺族の最後のお別れの時に、ご遺体の目から涙が流れたんです。それを見てご遺族が『〇〇ちゃんがお父さんお母さん今までありがとう、先にいきます、みんなを見守っていますと言ってるんだね』と言ったんです。でもこれたぶん、腐敗防止液の分量が少し多くてあふれてしまったと思うんです。私としては大変なミスだったのですが、結果、ご遺族がお別れすることに納得したんです。事実がどうあれ、大切なのは当事者の解釈なんだと思っています」

故人と遺族の気持ちはわからない。だけど死者を想う気持ちがそこにあって、みんな悲しみの中から納得を見出しているような気がします、と嘉陽さんはつけ足した。

お手伝い、黒子でいようとする嘉陽さんの気持ちが少しだけわかるような気がした。

僕はそこで亡くなった人自体を知らない

人が死んだらどうなるのか。残された家族はその時どうなるのか。

何百何千通りのそれらを見て関わってきた嘉陽さんの話は、どれも興味深いものだった。

人が亡くなったあとの場所に住んでいるだけの僕は、そこで亡くなった人自体を知らない。その人がどうやって亡くなったかを知らない。亡くなってからどうなったかを知らない。その遺族がどう思ったかを知らない。どう今、生きているのかを知らない。

　僕にとって「死」はまだまだ知らないことだらけだった。

「最近はもう少し踏み込んだウジ虫の生態研究をしたいなと思っています。沖縄のような暑い地域で自宅で死亡し、発見が遅れて遺体から臭いが出た場合、高確率でハエがウジ虫を産みつけます。発見後、一〇℃以下に設定されて酸素が遮断された警察の保冷庫にご遺体は搬送されます。しかしその数時間後に保冷庫から出して安置場所に移動したら、待ってましたと言わんばかりに活動しだすのです。ウジ虫たちは保冷庫のご遺体の肺の中で生きのびていたのです。すごくないですか？　ウジ虫のバイタリティは興味深く心臓が高鳴ります。しかし鼻の穴から無数のウジ虫が湧き出てくるさまは、不気味で寒気がし、かなり衝撃的です。ご遺族も大変悲しまれます。ですから私がウジ虫バスターとしてご遺体をお守りすることにしました。

　そのためにまずは敵を知ること。ウジ虫の生態を研究したいと考えています。ウジ虫は私にとって未知の生き物で不思議がいっぱいです。隣で大きな声で話すと逃げていくし、ピンセットで引っ張っても伸びるだけでなかなか切れません。非常に伸縮性や柔軟性に富んでいるのです。タニシさんはウジ虫に興味はありますか？　……あ、ちょっとすみません」

　話を聞いている最中、嘉陽さんに電話がかかってきた。警察の遺体安置所からだ。このあとまた遺体に会いにいくようだ。

孤独死について考えた
東北いわきで生と死の祭に参加

〝松原タニシと考える看取り〟

二〇一九年二月二十日、福島県いわき市総合保健福祉センター多目的ホールで行われた講演のタイトルが、これだ。しかもサブタイトルが

「芸人と考える、これからの死――」

オファーをくれたのは福島県で薬局や介護事業所を運営している薬剤師の小野寺さんという人だった。事故物件の話を通して高齢者の孤独死や近所との関わりの希薄さを考える講演をしてもらえないかという依頼だった。

事故物件住みます芸人が福島県で孤独死の講演。いったい何をしゃべればいいんだろう。

あなたのやっていることは福祉です

講演当日。

会場は半数以上が高齢者で、約二百人が詰めかけてくれた。

「タニシさんが普段イベントで話されてる内容で大丈夫です」

小野寺さんはそう言ってくれたので、第一部の事故物件トークでは普段通りの事故物件の怪談を披露する。

講演会なのに怪談。

会場は思っていたよりも温かい空気で、怖がるところは怖がってくれるし、笑い声も聞こえてやりやすかった。

第二部のクロストークでは、ローカルアクティビストの小松理虔《りけん》さんの司会で、いわき市役所職員の猪狩さん、東日本大震災などで訪問治療を行ってきた医師の松田徹先生とともに「孤独死」について語り合う。

いわき市総合保険福祉センターでの講演

松田「これからの多死社会、〝孤独死〟はむしろ普通になります。防ぐべきは孤独死ではなく〝孤立死〟である。高齢者は死に方を選べないけど、病院で死にたくない、孤独死でもいいから最後は自分の家で死にたいという人が多い。だからね、タニシさんの話は孤独死を考えたことがない人が考えるきっかけになるんです。死に方の話をすると患者に怒られるんですよ、わしゃまだ死なん！　って。死に方がきれいだと本人も残された人も納得がいき、忌まわしいものではなくなるんです」

猪狩「死ぬことを考えるきっかけになる面白い活動をタニシさんはされてます。おかげで今日の講演に若い人も参加しています。若者にこそ死ぬことを考えてほしい、そのためのタニシさんですから。あなたのやっていることはもはや〝福祉〟です」

　福祉……？

小松「じゃあタニシさんにも今年の『いごくフェス』出てもらいましょうか」

　いごくフェスって何？

猪狩「生と死を考えるお祭りです」

　僕の脳味噌ではいろいろと理解が追いつかぬまま、どんどん何かが進んでいく。

　講演会のあと、打ち上げに参加。そこには現場にいなかったよくわからない人たちも姿を現す。しかしここでようやく彼らが何者なのかを理解する。今回僕にオファーしてくれた小野寺さん、小松理虔さん、そして猪狩さんは「いごく」に関わる人々だ。

「いごく」とは、福島県いわき市役所地域包括ケア推進課による取り組み、あるいはチームのこと。「動く」のいわき訛りである「いごく」をキャッチフレーズに、よりよく生きるために「老病死」にスポットを当て、さまざまな企画やイベントを行い、フリーペーパーやウェブマガジンも発行している。

「地域包括ケア」というのは、超高齢化の時代に、介護施設で過ごしたい人も、故郷や自宅で過ごしたい人も、「自分が望む場所で最期まで暮らせる」ように、医療・介護・生活支援・予防・住まいの領域がこれまで以上に連携し、地域で過ごす人たちを、医療機関や介護施設にいるのと同じようにサポートしていく考え方のこと。

いごくではこの「地域包括ケア」を面白おかしくやっていこうと取り組んでいる。

その中心にいるのが、いわき市の職員であり、

『ミッション：インポッシブル』のテーマに乗せてコンテンポラリーダンスを披露する高齢者たち

いごく編集長である猪狩さん。この猪狩さんのもとに文筆家、デザイナー、郷土史研究家などのいわきのクリエイターたちが、「面白」を具現化するために集結。それが今、打ち上げにいる人たちだ。

そんな彼らが毎年さまざまな実験をしつつ開催しているのが「いごくフェス」。「死」や「老い」から目を背けず、逆に楽しんでしまおうというお祭りだ。

「普段〝死〟について家族や仲間と話し合うと身構えてしまうけれど、フェスを通して帰り道に『楽しかったね、そういえばお父さん死ぬ時も楽しく死ねたらいいね』と話せるきっかけになればいいなという想いで開催してます」

と猪狩さんは言う。

「じゃあタニシさん、当日もよろしくね」

どうやら僕はこの「いごく」の策略にハメられてしまったようだ。

生と死の祭典

そんなこんなで呼んでもらったいごくフェス。二〇一九年八月三十一日は野外、九月一日は屋内で開催された。野外では遺影の枠に入って自由に撮影できる「涅槃《ねはん》スタグラム」のコーナーがあったり、芝生の真ん中で入棺体験できたり、六十五歳以上の高齢者と地元のサッカーチームによるコンテンポラリーダンスがあったりと、「死」や「老い」をいい塩梅に遊んでいた。

日が暮れると「上《かみ》三《み》坂《さか》ヤッチキ踊り」がはじまった。

ヤッチキとは昭和初期頃いわき地方各地に広まったものだそうだが、詳しいことはよくわかっていないらしい。右手と右足、左手と左足、また右手と右足を同時に上げたあと、腰を突き上げ、手を打つ。これをひたすらくり返す非常に単純な踊りである。ただ、その歌詞が非常に卑猥で、ベッ〇ョや〇ノコなどの性器名称の方言が飛び交い、あからさまな性描写が容赦なく組み込まれている。その歌詞を上三坂ヤッチキ踊り保存会のボーカル、高《たかし》さん七十二歳、タケ子さん八十七歳が熱唱する。踊りの輪の中には地元の小学生たちも入って腰を突き上げている。不思議な光景だった。

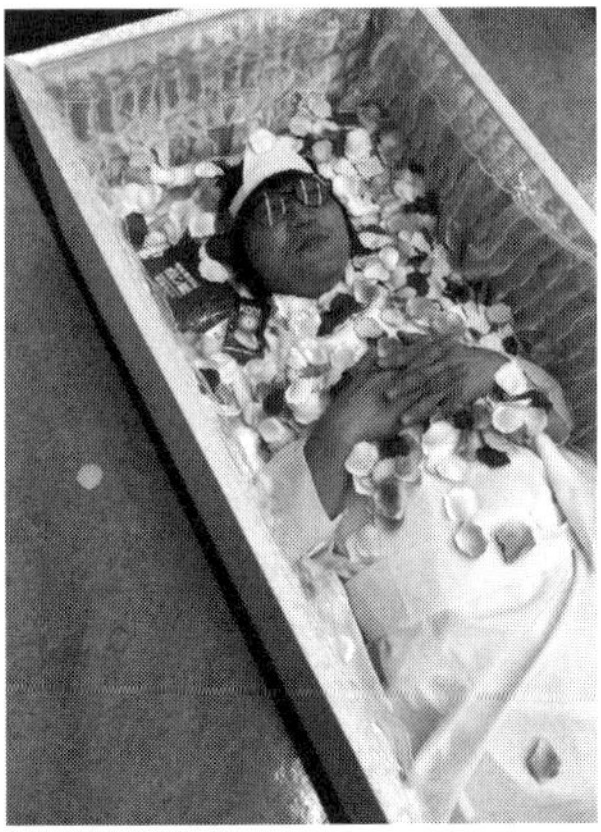

入棺体験を死装束で

二日目の屋内イベントでは「VR看取り体験」というのを体験した。VRゴーグルを装着すると、病院に救急搬送され今にも死にそうな状態の高齢の女性に自分がなっているところから映像がはじまる。すぐに家族がやってきて、医者に延命措置を懇願し、心臓マッサージが行われる。すると肋骨が折れる音が脳内に響く。

〝バキボキベキベキ！〟

それがしばらく続いたあと、家族が「もう逝かせてあげよっか……」と言って、だんだん視界が上からのアングルになっていく。まるで自分が幽体離脱したかのように。あ、自分はようやく死んじゃったのかなぁと意識したあたりで映像は切れる。体験した感想は、「死ぬ瞬間これはイヤ！」だ。死ぬ時は落ち着いて死にたいなと、延命措置の恐ろしさを身をもって体験するアトラクションだった。

そのあと自分の出番がやってくる。しゃべるスタンスは講演会の時と同じで、いつも通りの事故物件トークをした。客席にはホールいっぱいの五百人以上の観客がいて、おじいちゃんおばあちゃんも多かった。意外だったのは、エロ本の話と鳥谷の話で客席から笑いが起きたことだ。

エロ本の話とは、僕が知人のお父さんが孤独死した部屋の片づけを手伝いに行ったら、寝室にエロ本が敷き詰められていた話で、その日の晩にその部屋で一泊させてもらった時に、いないはずのお父さんに向かって「お父さん、娘さんにこのエロ本を見られて今どんな気分ですか？」とたずねると、台所から〝カーン！〟と音が鳴ったというもの。

鳥谷の話は、僕が特殊清掃の体験バイトで七十代男性の孤独死の部屋を片づけに行った時、依頼者である亡くなった男性の息子さんから「もし僕の写真が部屋に残ってたら捨てないで置いておいてください」と言われ、部屋にあった写真百枚ほどを集めたが、そのほぼすべてが阪神タイガース時代の鳥谷選手の写真で、家族の写真は一枚もなかったというもの。

この二つの話は、今、客席に座っている高齢者のみなさんにとってはそう遠くない自分の未来にも置き換えられるはずだ。それは自分の「死」をも意識せざるをえないことのはず。しかし、置き換えられるからこそなのかわからないが、客席からは笑いが起こった。

「タニシさん、それなんですよ」

小松理虔さんが僕に声をかける。

何がそれなのか。この時はまだわからなかったけど、それを知るためにまた、いわきに来たいと思った。

上三坂ヤッチキ踊り保存会のみなさん

二十六年と十年経って初めて向き合った二つの震災

二〇二一年一月十五日、神戸東遊園地。

この場所では毎年一月十七日に阪神淡路大震災の追悼行事が行われる。

僕は地元が神戸だが、今までこの追悼行事に一度も参加したことがない。今年はボランティアから参加してみた。

おもな作業は竹灯籠の竹筒を運ぶことと、紙灯籠のキャンドルを並べること。竹灯籠は追悼行事で「1.17」に、紙灯籠は「がんばろう」の文字になる。グラウンドに書かれた文字の枠組みに、竹筒とキャンドルを置いていく。

遅れて田中俊行さんがやってくる。

「ごめん遅なったわ。ボランティアやるのなんて初めてやなぁ」

田中さんは神戸在住なので、毎年追悼行事には参加しているという。

今年は新型コロナの影響もあり、ボランティアの募集はあまり大きくはされていなかった。だからなのか、ボランティアは僕と田中さんを含めて十五人程度だ。あとは市の職員らしき人々が作業をしている。最初はみんな黙々と作業していたが、どうしたら作業が効率よく進むかをそれぞれ提案しながら作業を進めていくので徐々に会話が生まれていく。しばらくするとだんだんと文字もでき上がってくるので、少し楽しい。

かなり竹筒とキャンドルが揃ってきたところで、

「はーい、ちょっと集まってくださーい」

神戸市役所のリーダー的おじさんが呼びかける。

「ちょっと文字の周りに二重に線を引きたいんだけど、ライン引きが文字と文字の間を通れないみたいなので、みなさんの知恵を貸してくださーい」

文字の周りはキャンドルをすべて置いてしまったあとなので、二重に線を引くにはそれをまた動かさないといけなくなる。

「いや、だから、大まかな枠で線を引いていったらいいんじゃないですか」

お、田中さんが場の中心に行って自分の考えを提案した。

「うーん、そう引くと、文字としておかしくなるよね」

あ、否定された。

「絶対おかしなる！」

お、否定に加勢する人が現れた。

「いや、でもデザインのセンス的にアリじゃないかと思うんですけどね」

田中さん、引っ込みがつかなくなって、よくわからん意見で食い下がってる。

「絶対おかしいって！」

めっちゃ否定されてる。

あ、戻ってきた。

「いや、自分でも途中からこれちがうなって思ったわ」


この日のボランティアはこれで解散し、僕らは中華屋でご飯を食べた。

そういえば田中さんは震災で被害に遭っていたのだろうか。

「遭ったよ、震災でおばあちゃんと叔父さん亡くなってるからな」

あれ、おばあさんはつい最近亡くなって、橋津の海岸で法名を書いた和紙を流したのでは

アイデアを否定されても食い下がる田中俊行

なかっただろうか。

「いや、橋津の海岸のおばあちゃんは父方のばあちゃんで、震災で亡くなったのは母方のばあちゃん」

あ、そういうことか。

「ほんで親父と二人で遺体安置してる体育館まで探しにいってんけど、その体育館がヤバくて。ズラ〜って何百体と遺体があって。それで親父と二人でおばあちゃんと叔父さん探したんやけど、あん時はまだ俺も高校生やったし、さすがにキツかったなぁ。体がズシーンて異様に重たく感じたわ」


一月十六日、ボランティア二日目。

昨日よりはボランティアの人数も増えていた。

この日はキャンドルの周りを包む紙灯籠の紙をひたすらラミネートするという作業に多くの時間を費やした。この紙は地元神戸の小中学生や、全国からの公募で集まったメッセージや絵が描かれていて、全部で八千枚ほどあるみたいだった。

「生きる」「笑顔」「希望」「思いやり」「支え合い」「つなぐ」「忘れない」「絆」「命大切に」「今日という日は残りの人生最初の日」「がんばろう」……これらの言葉をえんえんとラミネートして、それを丸めてテープで止めてをくり返す。

「今年はコロナで炊き出しできんけど、やることあってよかったわ」

隣で作業してるおばちゃんがつぶやく。毎年このおばちゃんはここで炊き出しをしているみたいだった。


一月十七日、ボランティア三日目。

午前四時に集まって、紙灯籠の中のキャンドルを、点灯時間が長い方を外側に入れ替える作業。あとは来場者が来る前に少しだけ紙灯籠に火を灯しておくのを手伝った。

そして阪神淡路大震災から二十六年目の午前五時四十六分、黙禱する。

目を開けると、斜め前に立っているおばあさんがハンカチで目頭を押さえていた。

僕は目を閉じている間に、あることに気づいてしまっていた。僕には思い浮かぶ誰かの顔がなかったのだ。

東日本大震災の話を現地の人に初めて聞く

二〇二一年三月十日。僕は小野寺さんに連絡を取って福島県いわき市に来た。

小野寺さんの車に乗り、猪狩さんを市役所まで迎えにいって合流すると、

「タニシさんにぜひともぶつけたい人がいるんですよ」

そう言って猪狩さんは、とある民家まで僕らを誘導した。そこは直葬専門の葬儀屋「いしはら葬斎」だった。

「ウッふっふっふ、すみません、普通のお家なのでどうぞ気軽にー」

とても気さくで感じのいい奥さんだ。家に上がらせてもらうと、屋内も本当にごく普通の民家で、とても葬儀屋とは思えない。

石原きみ子さんは十一年前に旦那さんと二人でこの直葬専門の会社をはじめた。

直葬とは通夜と告別式を行わず、納棺後すぐに火葬する葬儀のこと。石原さんご夫妻はもともと別々の葬斎場で働いていたが、いわき市には葬斎場の数がとても多いのもあって「他がやってないことをやろう」と夫婦で相談した結果、直葬専門でやりはじめたという。

直葬は孤独死の遺体が多い。もっとも依頼が多いのは生活保護受給者の遺体だ。身寄りのない人が多い生活保護受給者は、孤独死として発見される確率が高い。

誰かがもし孤独死を発見したら、まず警察に連絡をすることになる。警察は遺体を警察署へ連れて帰って検視する。そして身元を確認して誰も引き取り手が見つからなかった場合、石原さんのもとへ連絡が来る。

石原さんは警察署まで棺を持っていき、遺体を入れた棺を自身の自宅まで連れて帰る。火葬場から連絡が来るまで自宅待機させたあと、火葬場へ連れていって火葬し、火葬場職員に骨を骨箱に入れてもらい、車で一時間ほどの場所にあるお寺の納骨堂まで持っていって合祀の墓に埋葬する。これが、いしはら葬斎のおもな直葬の流れである。

中には遠方の身内が、こちらまでは来られないけど遺骨は受け取りますということがある。その場合、骨箱を段ボールに入れて「ゆうパック」で郵送する。なんと、遺骨は「ゆうパック」で送ることができるのだ。

生活保護受給者には葬祭扶助という制度があり、一律で金額が決められているそうだ。市役所は身寄りのない人が亡くなったら、どこかに依頼しなくてはならない。その際、「石原さんのところはちゃんとよくやってくれるから」と、依頼が集中するようだ。

「いろんな人たちを送ってきました。ましてあの、スタートしたのが震災の前の年だったんで……」

石原さんの口から震災の話が語られ出した。

「一年ちょっと経ってから震災があって、それこそ生活保護の担当の方から『石原さん、遺体安置所に、あるだけのドライアイスを持っていってくれ』って頼まれたんです。それでドライアイスを売ってるお店に行ったんですけど、もうお店の中もしっちゃかめっちゃかで、物もいっぱい倒れちゃってて。で、とりあえずあるだけ欲しいって言ってかき集めて。でも、どんな気持ちで持っていったらいいんだろうって思って。その場所ってきっと悲惨な状況なのかなー、みんな泣き叫んでたりするのかなーって、もう近づくにつれてドキドキですよ。で、いざ行ってみたら逆でした。本当にシ——ンとしてて、逆にそれが怖いなぁって思ったくらい、みんな目先のことで精いっぱい。だから泣き叫ぶとか何かこう気持ちに余裕がないのかなっていう風に思うくらい、警察の人も、身内であろう方たちも、本当にもう淡々とその事柄を処理してるっていう雰囲気だったんですね。それで、二階へ上がったら男性、女性、ってわかれてて、その時はまだ棺も何も用意されてない状況で、毛布にくるまれて、ザ——ッて並んでて。刑事さんたちも一人一人まちがえないようにチェックされてて大変そうで、誰に声かけていいかわからないけど声かけて、とりあえずここに置いといてくれって言われて置いてきたんですけれども、これが震災の時の初めての仕事でした」

東北の震災の当時の話を現地の人に直接聞くのは初めてだった。

「しばらく経ってから三人ほど被災者の火葬を担当して自宅で預かりました。預かった時、みなさん意外や意外、きれいだったんです。この地域は自宅の瓦礫で亡くなった方が多かったんです。当時は火葬場が追いつかなくて一週間から十日は待たされました。その間にみなさんみるみる色が変わっていったんですけど、みんな普通に寝てるような感じで、ああ、安心して変わっていったのかなって。最後は顔は見れないけどごめんねーって言って送り出したんですけど。面会に来た家族の方は会えてよかったーって言ってました。いわきも広いので海の近くと山の方では全然被害がちがうんです。港の方で見つかった方も、一年くらいは警察から連絡があってそのたびに預かりました。毎月決まった日に捜索するんです。宮城県の石巻から、いわきの小名浜まで流れ着いた方もいました。遺留品は指につけていた細いネックレスだけだったんですけど、警察が全国で情報を出して、ＤＮＡ照合して、一ヶ月経って女性の身元が判明したんです。よかったねーって」

今まで多くの遺体と向き合ってきたであろう石原さんでも、震災の話はまるでつい先日起きたばかりの出来事のように話していた。

千七百人の遺体と関わって一度だけの体験

「そんなこんなで警察からはいろんな方たちの連絡が来るんですけど、それこそ自ら命を絶った人と関わることも私たち多いんです。わざわざいわきに来て自殺する県外の人もいて」

自殺した遺体は、すでに白骨化した状態が多いという。ちなみに、すでに骨でも遺体は火葬する。ただ、骨は酸化するため時間が経つと硬くなるから焼けにくいそうだ。いわきでは骨箱に全部骨を入れるので、いざ入れる時になかなか入り切らない。だから喉仏と頭蓋骨以外は途中で粉々にするという。

ところで石原さんは実際にどれくらいの数の遺体を火葬場へ送ってきたのだろうか。

「一年で百七十とか。だから十年で千七百？」

千七百人もの遺体と関わって、不思議な現象とかはなかったのだろうか？

「ありましたよ、一度だけ。たまたまうちで預かって、連れて帰ってきた方で。その中にお友達の看護師さんも一緒にうちまで来てて、私がそばに座って、じゃあこれからの打ち合わせしましょうかって段取りをしてた時に、ふと看護師のおばさんがあれっ？　て言ったんですよ。それで私も、ん？　って思ってガラス戸の方を見たら、おばあさんがスーッとガラス戸の向こう側の廊下を移動してるのが見えて、だめだよー動いちゃーっていう感じで。おばあちゃん、寝てなきゃだめだよって。それが唯一ですね」

なんて自然体なままの心霊体験なんだろう。幽霊に声をかけてしまっている。しかも千体以上の遺体と関わって、これが唯一の体験……。

「決してやっぱり怖いとは思わないですよね、不思議とね。意外と怖くないものかもしれないですね、霊とかって」

石原さんに怖いものってないのだろうか。

「一度あったんです。うじこちゃんが出た時。もう一匹や二匹じゃないんですよ。警察の方がちょっといたんでるよって言ってて、連れて帰ったらいっぱい出てきちゃって、床を這ってきて、うわあああって。ちゃんと掃除したんですけど何匹かハエになってましたよ」

これだけ遺体と関わって、まさか虫が苦手だなんて。

石原さんの家では火葬されるまでずっと遺体を預かっている。火葬場との調整があるため、連れていくのはだいたい三日から四日待機したあとだ。

現在も遺体を預かってたりするのだろうか？

「はい、今も二人うちにいますよ。お父さん、案内してあげてー。普通の部屋ですから」

旦那さんが奥の部屋へ案内してくれた。

畳の和室に棺が二つL字型に並んでいる。棺は移動できるようにキャスターつきの台車の上に置かれている。棺の中はドライアイスと防臭剤が入っているそうだ。

「はじめ運んできた時はやっぱり苦しそうな顔なんですけど、いろいろ口とか処置しますと、ほんとみなさんおだやかな顔になりますよ」

旦那さんが遺体の入った棺の前で説明してくれる。その部屋は、ほんとにただの部屋だった。お客さんが来たら泊まってもらう用のきれいにされた、ただの空き部屋。寝ているから電気を消してる、みたいな。

「普通に生活してるんで、だから逆に寝てる人にとったらうるさいなーって思ってると思うんですけど、あまりにも普通に過ごしてるんで私たち。でもいいよねって。最後くらいにぎやかでもね。だってみんな帰れない人ばっかりなんですもん。一番いいのはね、自分のうちに戻れることが一番いいことなんですから、最後の最後くらいはね」

石原さんの取り扱う遺体は、身寄りがないから石原さんのところへ来る。その約三分の一が自殺だという。直葬される遺体は警察から火葬場へ行くことはない。必ず一回、石原家に来る。

「決して怖くないですよ。亡くなった人もね、うん、気持ち悪くもないし、たまに怒ったりしますけどね。いろんな情報もらうじゃないですか、こんなことしてたあんなことしてたなんて。ましてや自殺した人なんかは火葬場に行く間にあたし何人怒ったことか」

え、怒るってのはどういうことですか？

「本人に向かって、なんでそんなバカなことしたのって、バカだねーって言って」

ご遺体に!?

「だってねー、どうしてもやっぱり私たちもある程度いろんなこと経験して歳を重ねてきてるから、ひとごとのように思えないことって多いんですよ。自殺したりしたって、こんなことしたら悲しむ人だっているんだしって、ついついね、言いたくなっちゃうね、親心じゃないけどさ。誰も見送ってくれる人がいなかったりしたら、あんたもうちょっと真面目に生きてくれれば誰かいたのにねーって。これが逆の立場で自分の子供だったらと思ったり、夫だったとなったらやっぱり、どんな気持ちなのって。本人はいなくなっちゃえばいいと思って死ぬことなんだろうけどもね。ここから二十分ぐらいで行けるので、火葬場まで」

「たまにおこったりしますけどね」と言うから、「何が起こるんだろう？」とか「誰に怒られるんだろう？」とか思っていたら、自殺した遺体に対して「怒る」話だった。

「説教するにはちょうどいい尺ですね」と猪狩さんが言う。

「こんな話でよければまたいつでも来てやってくださいウふふふふ」

石原さんは生きている僕らのことも、姿が見えなくなるまで見送ってくれた。

米を作ると死ぬ田んぼに行く

二〇二一年三月十一日、東日本大震災から十年目の朝。

いごくメンバーの一人で、地域の文化や民俗に詳しい江尻浩二郎さんにいわきを案内してもらった。

まずは死人田。

「ここは米を作ると死にます」

米を作ると死ぬ田んぼ。いわきにはこの死人田がいくつかあるらしい。その中でも場所が特定できているのが四倉町にある死人田だそうだ。ちなみにいわきには死人田の他にも、

「ある神社の氏子はゴマを作れない地域」

「きゅうりを食べられるけど作ってはいけない一族」

などがあるらしい。

江尻さんに案内されたのは線路沿いの沼。

「常磐線を敷く際に土を盛ったんですけど、その土を掘ってできた沼が〝汽車沼〟って呼ばれて今でも残ってます。そのあたりが死人田だと昔の本に書いてあるので、つまりここですね。どうせ米が作れないんだからと、ここを掘って盛り土に使おうとしたんじゃないでしょうか。理にかなってます」

使われなくなって乱雑にススキが生い茂る土地に突如姿を現す沼。その向こうを常磐線が何事もなかったかのように走っている。

死人田を掘り返してできた汽車沼

賽《さい》の河原で立ち会った不思議な復活

死人田から北上し、次に案内されたのは久之浜。この地域の高台に八大龍王の石碑がある。

「いわきは龍に非常に縁が深くて、こういう岬にはたいてい龍王が祀ってあります。ナマズが地震を起こすという話がありますが、昔は龍だったんですよね。海が荒れるのも龍。つまり津波も龍でしょうね。ここが現在のいわき市で一番北にある龍王です」

石碑の位置からは久之浜の海岸が一望できる。地震直後、八大龍王を目指して避難した人々は、ここからどんな景色を見たのだろう。今では新たに防潮堤が築かれ、浜の様子はすっかり変わってしまったようだ。

八大龍王の石碑から少し下ると、また別の奇妙な石碑がある。

「ここ、実は中世の館跡なんです。たぶんその末裔の人々が当時のことを彫ったんだと思うんですが、ずーっと見ていくとこのあたりから『風呂番幸吉』とか『洗濯婆トメ』とか名前が出てきて、見てください。最後に書かれてるのは『政五郎因縁野狐』」

野狐？

「政五郎さんに取り憑いていたんでしょうかね。狐も一族と並んで彫られてます」

続いて浦島太郎誕生の地、下仁井田諏訪神社。

「浦島太郎伝説は全国にあるでしょうが、ここはウミガメが登場する浦島太郎伝説の北限なんじゃないかと思っています」

このあたりはアカウミガメの産卵地の北限だそうだ。それと呼応するように、これより北の浦島太郎伝説（竜宮伝説）にはウミガメが出てこない。

いわきは暖流の黒潮と寒流の親潮がちょうどぶつかる位置にある。動物も植物も、北限と南限が入り組んでいるそうだ。

この近くの海岸は新舞子といい、北は四倉から南は沼ノ内までの約一一キロに及ぶ防潮林のある砂浜が広がっている。江戸時代、磐城平藩主・内藤家が防潮や砂防のために海岸線に沿ってマツを植林したものだ。この地域は津波を防潮林が一部受け止めた。先人の知恵がここで生かされる。「新舞子」という名前は兵庫県の舞子浜海岸に似ていたことからつけられたという。兵庫の舞子は僕の生まれ育った場所。遠くいわきで自分の地元がつながるのも何かの縁だろう。

「震災後防災緑地ができて人が浜に下りづらくなったり、光や音が届かなくなったことは産卵するアカウミガメにとっていいことなのかもしれません。ただ最近、浜がやせ細ってしまったような気がしてるんですよね。アカウミガメが来ているのかどうかちょっと心配なんですが、そのへん震災後まったく公表されないんですよ」

震災の日に亀の心配までする江尻さんだった。

その後、沼ノ内地区と薄磯地区の間にある賽の河原へ。

漁港のかたわらに「餓鬼堂」と書かれた洞窟があり、その奥に「賽の河原」といわれる霊場がある。震災時の津波で中にあったお地蔵さんたちは埋もれてしまったが、ボランティアの人々が外に運び出し、その後、観光資源にするため洞窟の岬に移設された。もとの場所が重要だと考えている江尻さんはそのことを非常に残念に思っているようだ。

「大規模な観光地化計画が立ち上がって、重機で山が削られました。絶景を売りにするカフェがオープンして、ゆくゆくはホテルも建てたいという話で、地域の人々やマスコミを招いて盛大な法要も行われました。その頃なんですけど、この賽の河原への道標から文字が消えてしまったんです。変な話なんですが、ああ、賽の河原はなくなったんだなあって」

沼ノ内地区の入り口に安永二（一七七三）年に建立された如意輪観音像がある。その台座に「是より左 がき穴 二丁」という文字が彫られていたそうだ。

がき穴とはつまり餓鬼堂（洞）のことで、左に二丁（約二一八メートル）行けばありますよという案内標示である。けれども最近になってこの文字が消えてしまった。そんな不思議なことがあるのだろうか。そしてそれはいったい何を意味するんだろう。

この観光地化計画は、関係者に不幸などがあり、すぐに頓挫してしまったそうだ。今はカフェも閉じ、人影もない。

帰り道、僕もその如意輪観音像が見たいとお願いし、連れていってもらった。

「あれです。あの台座に書いてあったんですけど消えてしまって……え？」

これまで淡々と案内してくれていた江尻さんが、如意輪観音像に駆け寄り、絵に描いたように崩れ落ちた。

「がき穴」の文字が復活していたのだ。

「賽の河原が……また現れたってこと……?」
まるで土下座のような状態で身動きがとれない江尻さん。大の大人がここまで屋外で人目をはばからずショックを受けている姿を見るのも珍しい。きっと見まちがいではなく、本当に消えて、本当に出てきたのだろう。

このあと泉もえぎ台の「二千人塚」と小名浜の「霊人塚《ぼうにんつか》」も案内してもらった。この二つの塚は、元禄九(一六九六)年六月二十七日の大波で溺死した二千四百五十余名の供養塔だと考えられている。しかし二つとも最初に建てられた場所からは移設されていた。三百年以上前にあった大災害の記録が場所を変え、残されているということだ。

賽の河原の道標で崩れ落ちる江尻さん

そして岩間地区の追悼式典に参加する。
いわきは被災したそれぞれの地区で追悼

行事が行われているようだ。

真言宗智山派仏教青年会による読経が行われる中、

↑献米　焼香↓

と書かれた紙が献花台に貼られている。

「岩間は明治になってからの廃仏毀釈でお寺が一つもないんです。この献米ってのは独自に作り出した神葬祭の作法なんですよね」

こんな時でも江尻さんは小声で解説してくれた。

読経が終わると来場者は浜辺へ移動する。

若いお坊さんが海へ入り、紙塔婆を流す。

集まった人たちはみな海の方向に体を向けている。

午後二時四十六分、黙禱。

やはり僕には誰の顔も浮かばない。でもそれでいいような気がした。

左から猪狩さん、石原さん、僕、小野寺さん

即身仏になるために死ぬけど即身仏は永遠に死なない

日本には死んでいるけど生きている存在がいる。それは即身仏。

ミイラ展には数年前に行ったことがある。たくさんのミイラを見た。しかしミイラと即身仏には大きなちがいがある。

ミイラには「自然ミイラ」と「人工ミイラ」があって、高温多湿の日本では自然ミイラにはなりにくく、また人工ミイラでもエジプトのミイラとは製作過程が異なる。

ミイラは死体の内臓を抜き取り、防腐処理を施して埋葬したもので、即身仏は厳しい修行を行った先に自ら地中に生き埋めになってそのまま自然乾燥することで完成したものである。

つまり、死んだあとミイラになるように加工されたのがミイラで、ミイラになるために死んだのが即身仏。これは同じミイラでもだいぶちがう。

阿弥陀仏に入った舜義上人《しゅんぎしょうにん》

二〇二一年一月、ニコ生ディレクター木村さんを誘い、即身仏に会いに東北方面へ。まずは茨城県桜川市の妙法寺にいる舜義上人に会いにいく。関東唯一の即身仏だ。拝覧を予約すると、住職は不在だったが留守番を任されているお姉さんに少し解説してもらった。

舜義上人は自ら地中に埋まっていったわけじゃなくて、石棺の中で即身仏になった珍しいタイプであるという。妙法寺周辺は地面に穴を掘ったら水が出てくる地域らしく、土中入定《にゅうじょう》が無理だった。入定という言葉は本来、悟りを開くこと、高僧が死ぬことだが、弘法大師空海が永遠の瞑想に入ることも指し、後にそれにあやかって即身仏になることもそう呼ばれるようになったという。

舜義上人は中が空洞になった阿弥陀仏を用意して、「三年経ったらこの石仏の蓋を開いてほしい」と弟子たちに言って一六八六年に入定した。即身仏は死後だいたい三年三箇

舜義上人が入定した阿弥陀如来像

月経ってから掘り起こされて完成するそうだが、弟子たちは上人の白骨化した姿や崩れ落ちている姿を見たくないと放置してしまう。やがて八十年以上の歳月が経ち、当時の住職の夢枕に舜義上人が現れ「開けてくれ」と言って石棺から自分を出すよう指示をした。また、自分の夢にも舜義上人が出てきたという檀家の人や、夜道を歩いていたらうしろから声をかけられて「開けてくれ」と言われたという人が現れはじめたので、みんなで石仏を開けてみた。そこには立派にミイラ仏と化した舜義上人がいたという。

実際に僕が拝観した舜義上人は、ガラスケースの中で前かがみになりながら大きく口を開け、何かを訴えかけているような様相だった。

しかし、どうしよう、何も感じない。

感じないというか、どこか愛嬌があって個性的、と思った。しばらく眺めていると、そういう人なのかなと思えてしまう。愛着すら湧いてきた。

あれ、思っていたのとちがう。

即身仏様は現在、旅に出ておられます

茨城から北上し、福島県石川郡浅川町の貫秀寺に向かう。こちらのお寺には弘智《こうち》法印《ほういん》宥《ゆう》貞《てい》上人がいる。宥貞上人も石棺の中で入定した数少ない即身仏の一人で、薬師如来像に入っ

たという。さっそく拝観させてもらおうと予約の電話をすると、お寺にはいないとのこと。粋な
「即身仏様は現在、旅に出ておられます」
と言われる。どうやら新潟の博物館に出張展示中らしく、
返しだ。

ん？　ちょっと待てよ。確か上野のミイラ展に行った時に弘智法印宥貞さん、いた気がする。スマホで検索する。やっぱりいた。弘智法印宥貞上人を僕は東京で見ていたのだ。その時は閉館時間が近かったのと、即身仏のことをよくわかっていなかったのとで、サラッと流してしまっていた。もったいないことをした。

それにしても、人間としては死んでいるはずなのに旅に出ることができるなんて、すごいな即身仏。

米沢駅前のミイラを訪ねる

結局、福島は寄らず、そのまま山形を目指す。

山形県は即身仏が一番多い県で、八体祀られている。そのうちの六体が日本海側の庄内地方にかたまってるのだが、あいにくこの日は大寒波に見まわれて大雪で通行止め。残り二体が南側の白鷹町と米沢市に祀られているそうなので、米沢市で一泊。地元の居酒屋で「駅前

にミイラがいるよ」と聞き、翌朝、雪の中、駅前にある常信庵を訪ねる。しかしこちらも電話で拝観できるかたずねると「今はもうお見せしていないんです」との回答。

ちなみに常信庵のミイラは梅唇尼《ばいしんに》といい、源義経に忠節を尽くした義経四天王のうちの二人、佐藤兄弟の母親だそうである。

明治の中頃に常信庵の境内から古い棺が掘り出され、その中から「梅唇尼」と記された女性のミイラが出てきた。ただ、このミイラは自然に完成されたものなので、即身仏ではない。米沢にいる即身仏とは個人宅で保管されている明海《めいかい》上人のことで、また別の場所にあるみたいだった。

雪が積もった常信庵の駐車場

なぜ即身仏になるのか？

続いてもう一人の即身仏、白鷹町の蔵高院にいる光明海《こうみょうかい》上人に会いにいく。

完全に積もった雪道の先にあるため、現地まで行くのは大変だったが、普段は山のふもとの常安寺にいる、四十代の住職が快く迎え入れてくれた。

本堂に入り線香を上げさせてもらったあと、音声ガイドつきで光明海上人を拝ませてもらう。

ここから三キロほどの山中に光明海上人の入定塚がある。この地区は以前から湯殿山行者の即身仏が入定していた場所で、一八五四年、光明海上人は「百年たったら掘り出してくれ」と言って地中に埋まったと伝えられている。しかしその後、光明海上人が埋まっている集落は消滅。昭和五十三（一九七八）年、過疎化が進む白鷹町の町おこし会議で光明海上人の話が持ち上がり、白鷹町教育委員会が主体となり、新潟大学の協力のもと調査が行われ発掘。入定から百二十四年経って光明海上人は再び現世に姿を現した。

光明海上人は、ほぼ骸骨だ。しかし、豪快に笑っているように見える。立派な僧帽ときれいな法衣を身にまとい、

金剛院祐観即身仏がいた宮城県の萬蔵稲荷神社も訪れたが、現在行方不明とのこと

大きな目（空洞）と大きな口で「ガハハ」と笑ったまま止まっている。またしても、思っていたのとちがった。

根本的な話だが、なぜ光明海上人は即身仏になったのか、住職に聞いてみた。

「おそらく天保の大飢饉でしょう」

天保の大飢饉は天保四（一八三三）年からの数年間、関東から東北地方が凶作に見まわれ、特に東北でたくさんの人が餓死した。この天保の大飢饉とその五十年前の天明二（一七八二）年に起きた大飢饉の頃に即身仏になろうとした僧侶が多いという。

大雪のため、たどり着くまでが大変だった

飢饉というのはどういうものなのか、なかなかピンとこない。江戸時代中期・後期の人口はだいたい三千万人といわれ、天保の大飢饉で約三十万人が、天明の大飢饉では約百万人が飢えや疫病で亡くなっている。

光明海上人は六十代で入定しているので、四十代で天保の大飢饉を目の当たりにしているはず。

道端に人の死体があふれていた時代。餓え苦しみ、恐れおののく人々を救うためこの世の苦悩を一身に背負って千日、二千日、三千日と山に籠り、五穀断ち十穀断ちの木食《もくじき》行などの苦行でミイラになるための準備をし、最後には衆生救済を祈り土に入って、鉦《かね》を打ち鳴らし読経しながら即身成仏していった。

なぜ死ぬ？

「人を導く立場の方が身を削ることで、ありがたがる人たちが多かったのでしょう」

だからなぜ死ぬの？

「坊さんは人からの施しでしか食えないんですよ」

現在の住職がおじいさんの話をしてくれた。親族が亡くなったのにお金がないのでお葬式ができないと言う檀家さんに、先先代の住職だったおじいさんは答えたそうだ。

「お金ないの？　だから何？　だからないものはもらえないでしょ。お葬式するのしないの？　なぜないとできないの？　いいからほら、やるよ」

住職はこれが坊さんの務めだと言う。

そもそも飢饉のため、受ける施しがない。だから即身仏になる修行は自然の流れで流行したのではないか。

即身成仏とは死ぬことではない。

この身このままあるうちに仏様の教えを実践実行しなければ仏にはなれないという弘法大

師空海の教えを実行するためにあるそうだ。魂を浄化するために読むのがお経ではない。仏の生き方を、人の生き方を伝えるのがお経である。先祖に手を合わせるのは、その人の生き方に手を合わせている。その人が極悪人なら手を合わせたくない。でもそれが自分の父親だったりしたら、反面教師として俺は絶対こんな生き方しねえぞって手を合わせるのもアリ。それが回向《えこう》というもの。なるほど。

修行をし続けている姿のまま、もう一回出てくるのは即身仏になろうとした人たちの最後の目的ではあったのだろう。死んだら修行できないから。彼らは他の人を助け続けるためには修行し続けないといけないと思っていたのだ。

そういう人がたくさんいた。

即身仏は怖くない。それは、人を救いたくて今の姿になっているからなのか。だから想像してもゾッとしない。辛い修行も「よくやりましたな！」と思える。

即身仏が生きてきた（まだ生きている？）物語。今、生きている人がその物語を自分に重ねることでまた救われるのかな。これは、即身仏に会いにくる人に会わないとわからないのかもしれないと思った。

死者の気持ちはわからない。だから、自分を投影するのだろう。

死者は何にでもなれる。すなわち、自分が死んだら何にでもしてもらえる。それは生き方次第なんだろう。

蔵高院の光明海上人（読売新聞／アフロ）

人のために力を使い続ける現代のシャーマン

二〇一九年十一月末、江頭さんから相談を受ける。

江頭さんはマネージャーの知人の女性で、以前僕も何度もお世話になった。今は九州にいて、一度大分に行った時は殺人事件の現場にもなった秘湯の温泉を案内してくれた。その時にすれちがった現地のおじさんがわざわざ温泉まで戻ってきて、無意味に脱衣場に居座り続けたのはかなりの恐怖だった。我々が温泉には入らないとわかると、おじさんはそそくさと帰っていった。

そんな江頭さんの妹さんがステージ4のがんの上、悪霊に取り憑かれているという。

「タニシさんの今まで出会ってきた霊能者関係の方で、妹を見てもらえる方を紹介してもらえないでしょうか……」

切実だった。地元の神社の神主に御祈禱を頼んでもまったく効果はなく、精神科の先生に診てもらっても改善はしなかったという。

僕が紹介できるのはこの人しかいなかった。

京都の天津神社の巫女、さちこさん。通称さっちゃん。

さっちゃんに相談し、一週間後の十二月七日に天津神社に連れていくことになった。

呪いの言葉が止まらない

十二月に入り、江頭さんから電話がかかってきた。

「すみません、今すぐさっちゃんさんと連絡取れないでしょうか、今、妹が大変なことになってて……」

妹さんの口から呪いの言葉が止まらないという。「そんなことをしても無駄だ」「お前はよくならない」「もうあきらめろ」と男の声でネガティブな言葉を吐き続けている、今まさに最中だという。

さっちゃんに連絡を取るがつながらない。

数十分後、さっちゃんからメッセージが入る。

「たぶん麻薬系統の痛み止めが入ってるのではありませんか？」

なるほど、痛み止めにそういう作用があるのか。

「その可能性が高いです。それは薬がそうさせるのでやりようがないです。たとえば猿が見えたり考えられないことを話します。抗がん剤の副作用でもなる時があります」

江頭さんに聞いてみた。

「今、病院からもらった睡眠薬を飲んでやっと寝ています。妹は大腸から肝臓に転移してるのでステージ4ではあるんですけど、がん自体は抗がん剤で小さくなっててあとは手術で切って終わりってとこまで来てるんですよね。なので、ホントの末期の患者さんのように常習的に麻薬系の痛み止めを飲むまでには至ってないんです。抗がん剤の投与もここ一ヶ月くらいお休みしてるので成分は抜けてるとは思うのですが……。ただ、精神科から睡眠薬や、気分を落ち着ける薬をいただいてるので、そういう成分が入ってないか聞いてみます！」

再びさっちゃんに連絡する。

「気休めですが、また再び症状が出だしたら塩をなめ、日本酒をほんの少しなめて、これで大丈夫だから安心するようにとお伝えしてみてはどうですか。塗るではなく、なめるで」

とりあえずこの日はひとまず落ち着いたようだ。

何より霊の仕業の前に薬の成分を疑ったさっちゃんの対応に、信頼できると思った。

天津神社のお祓いに同行する

十二月七日、江頭さんと妹さんが京都に来た。妹さんは僕が想像していたよりも大丈夫そうに見えた。なるべく気丈にふるまっていたのかもしれない。それでも時より耳をふさぎ、

「何かいろんなものが私に入ってこようとしてます」

と言っていた。「京都は応仁の乱がありましたからね」なんて薄い知識で返してみたら、それどころではないはずなんだけど、少し笑っていた。

少し時間より早く天津神社に着くと、さっちゃんは奥の部屋で先客の相談を受けていた。かわりに別の神職の人が来て応対してくれた。

「おみくじを引いてから心を落ち着かせてお待ちください」

天津神社のおみくじは「古代みくじ」と呼ばれ、「大吉」や「凶」ではなく、神様からのメッセージが書かれている。この言葉がよく当たると評判で、古代みくじを引きに全国から参拝客が訪れる。

人のため国のために尽くしなさい

妹さんが引いたくじにはそう書かれていた。

「〝人のため〟というのは自分以外の人のこと、〝国のため〟というのは君のことを支えているご家族や応援している人たちのこと。君の病気が良くなれば、ご家族の方も嬉しい。だからそのためにもがんばりなさい、ということやね」

神職さんが説明してくれたが、妹さんはあまりピンとはきていない様子だった。

「お待たせしたね、さあこっちへおいで」

さっちゃんが僕らを奥の部屋へ呼び、江頭さん姉妹はさっちゃんの対面に、僕はさっちゃんの隣に座る。

「どう？　今どんな気分？」

「はい、今いろんなものが私の中に入ってきて、私の口を使って何かしゃべろうとするんです」

「じゃあ、今からそれ取るから、もう抑えんでいいから、我慢せんと解放してあげて」

「わかりました…………ぼぼぼくはなんでここにいるの……」

妹さんの口が半分だけ動いて、聞いたことない声でしゃべり出した。

「……こんな感じです」

「なるほどな。薬はどんなやつ飲んでるの？」

江頭さんがどういう薬で治療しているかを説明する。

「うんうん。薬の成分も要因としてあると思うねんな。そういうのでけっこう見えてしまったりすることもあるから。あとはあなたの気持ちの部分ってのがすごい大事。ちょっと手を出してごらん」

　妹さんが差し出した手に、さっちゃんが上から手をかぶせる。

「じゃあ目をつむって」

　妹さんがそっと目を閉じる。

「何が見える？」

「…………若い巫女さんが見えます」

「それ私やわ。手をつないでごらん」

「……つなぎました」

「じゃあついておいで。そう、ゆーっくり、ゆーっくり、ほら、何が見える？」

「……神殿が見えます」

「それ天津の神様おるとこやわ。神様の方を見てごらん」

「………………やめろ」

「出てきたな」

「…………むだだやめろそんなことしてもむだだ」

「無駄やない。ほら、全部吐き出してみなさい」

「やめろやめろおまえはもうやめろむだだあきらめろそんなことしてもおまえはよくならないやめろ」

「あんたこの子に関係ないやろ、はよ出ていきなさい」

「やめろやめろやめろおおおおおおお」

「あんたのおる場所ちゃうねんここ。ほら、出ていきなさいほら」

「おおおおおおおおおおおおおお」

「あんたは弱い、小者や、生きてる人間の方が強いねん。あんたみたいな弱いもんがおる場所ちゃうのここは」

「おおおおおお」

しばらくこのやり取りが続いた。目の前で起きていることに僕と江頭さんは驚くしかなかった。


「…………………」

「もう大丈夫や、目を開けてごらん」

「はい」

「どう？　今どんな気分？」

「はい、何かスッキリしたような気がします」

「せやろ。もう大丈夫やわ、だいたいのやつは出ていったから」

　続けてさっちゃんが語り出す。

「ええか、結局な、生きてる人間が一番強いねん。いろんなもんがあなたを邪魔しようとしてくるけど、それは生きてるあなたがうらやましくて悪さしにくるだけやねん。だからな、相手せんでええねん。たぶんあんたは優しいからな、何か聞こえてきたら耳を傾けてあげてるんやと思う。でもな、相手せんでええ。あなたの人生はあなたのもんや。死霊たちにあなたの人生を割かんでええから。いろいろこれからも聞こえてくるかもしれんけど、相手したらあかん。相手したら、気づいてもらえたと思ってどんどんやってくるから、無視しといたらええ。それよりも、おいしいもん食べたいとか、旅行行きたいとか、あなたがやりたいこと、楽しいことをいっぱい考えといたらええ。そしたら彼らが入ってくるすき間はないから」


　このあとさっちゃんはお守りを書いた。「書いてる間は目つむっといてな」と言われたので書いている姿は見ていない。でもきっとこの「見せない」という工程が大事なのだろうと思った。

　完成したお守りを妹さんに差し出す。

「あ、これホントにヤバいやつだ」

妹さんが早口でつぶやく。その声は悪霊のそれだった。

「まだおったんかあんた。こうやってまだ残ってるもんもおるけどな、もうほとんど祓ったから大丈夫。あとのはこれ握ってたらどっか行くから」

妹さんはお守りを握り、みるみる落ち着いていった。

「このお守りはな、私とつながってるの。ということは天津の神様ともつながってるってこと。だから安心して持っとき」

「ありがとうございます」

江頭さんと妹さんの顔は晴れやかだった。

「じゃあ本殿に行って神様にもう一度あいさつしておいで」

二人は古代みくじを引いた本殿に戻り、神様に頭を下げた。


「見たでしょう」

さっちゃんが僕に言う。

「こういうのがな、あるの」

江頭さんが一人、奥の部屋へ戻ってきた。

「すみません、妹がまた止まらなくなってきて……」

すぐに様子を見にいく。

妹さんは本殿の前でうずくまり、何かをつぶやいている。

さっちゃんがそばに行き、背中をさする。

「なんで……なんで……なんで……」

さらに背中をさする。

「なんで国のために尽くさないといけないんだ……」

その瞬間、さっちゃんが僕の方へふり返る。

「大丈夫や。これはこの子の言葉や」

そしてまた背中をさすり続けた。

「……なんで、なんで、なんで、私だっていろんなところに行っておいしいものたくさん食べたい」

「そうや、あなたはおいしいもん食べたらええねん」

「……もっと楽しいことをいっぱいしたい」

「そうや、楽しいこといっぱいしたらええ」

「……もっと生きたい」

「そうや、あなたは生きたらええねん。病気治して、元気なって、お姉ちゃんにいろんなとこ連れてってもらって、好きなことしたらええねん」

「…………生きたいです」

もとの妹さんの声に戻った。

「今、口がそっちに慣れてしまってるからな、出すもんは出した、大丈夫、あとはこの子次第やから」

ようやく妹さんも落ち着きを取り戻した。手にはしっかりとお守りが握られていた。

「あとは何かあったらいつでも電話しい」

そう言ってさっちゃんは姉妹を送り出した。

天津神社のあと、三人で喫茶店に行った。

お店のママさんこだわりの選べるティーカップを見て、妹さんは笑顔だった。

不思議なことはある。でももしかしたらそれは不思議なことではないのかもしれない。

ただ、人のために使う力が実際にあるのを目の当たりにした。

その後、妹さんは手術を受けた。手術は九時間に及び、無事成功した。彼女は今も治療を続けている。

さっちゃんとの対話

それからしばらく経って、天津神社へ一人で訪れた。

「あんなぁ、私あの日のこと覚えてへんのよ。そういうもんやねん」

さっちゃんの力は、降りてくるものだという。確かなことを言う時は九分九厘覚えていないそうだ。

さっちゃんは幼少期から霊的なものは感じていた。大人になって、街で出会った見知らぬおばさんに「あなた見える人でしょ」と言われ、ただなんとなくおばさんについていき、気がつけば火渡り護摩行滝行すべてをやっていた。やがて天津神社に導かれ、この神社にたどり着くと、それらの行はしなくなる。さっちゃんにとって、人との関わりが修行へと変わっていった。

「あたしも自分が何者かさえわからへん。ただ人に仕える、人に尽くすことが使命やと思ってる」

これは幼少期から大叔母の修行に無意識についていった白高大神の巫者・中井シゲノとよく似ていると思った。シゲノも白高の神を自らに降ろし、最後まで人のために力を使い続けた。そしてシゲノも〝確かなこと〟を言った時の記憶は残っていなかったという。

しかしどうしてさっちゃんも中井シゲノも人のために何かをするのだろう？

「あっちの世界と関わるってことはな、一歩まちがえたらダークサイドに落ちるねん。わからへんもんをわかるってなったらアウト。それは霊的というよりも人間的にという意味で。そういう人間にはなりたくないとあなたも思ってるんとちがう？」

　さっちゃんは唐突に人の心を見透かしてくる。

「そういう人間」というのは、自分のために「人のため」という言葉を使う人たちのことだろう。これは遺体管理人の嘉陽さんが言う「ありがとうでご飯食べている人」にも通じる気がする。

　僕はそういう人間にだけはなりたくないと常々思っていた。

「自分に価値があると思ったら終わりや。ほんまのは言わんでええ。言ったら値打ちが下がる」

　ほんまのこと。本当のこと。言葉にできない、見えない、形にできないもの、形にしてはいけないこと？

　僕が体験してきた見てはいけないものや不思議なこと、死の隣にある人々の想い……どこまでがほんまのことで、形にできなくて、形にしてはいけないのか。僕はその線引きばかり気にしてしまっている。

「何でそんなわざと何も考えてないフリするの？」

え？

「どちらかっていうとあなたはいつも人のうしろにいて人を観察するタイプやったのに、今はあなたが観察される立場になってるから、違和感があるんやと思う。宙に浮いてるような、居場所がないっていうような」

言葉を咀嚼《そしゃく》できないうちに次々と核心めいたものが押し寄せる。

僕の居場所はどこだろう。

確かに今までの自分は人を観察ばかりしていた。世の中の矛盾や他人のアラばかりが目について、それを揶揄《やゆ》することであわよくば自分に注目してもらいたいとも思っていた。

それと同時に、人のいいところを見つけて活かすような裏方の仕事も好きだった。

中心にいるようで中心にいない、そういう立ち位置が自分には一番自然だったように思う。

だけど今は表に立つことが多くなった。

見られることの違和感。まさに今この瞬間もそうである。

「前と全然ちがう。前は仕事せんかったら生活できない、生きるための目標があったはず。今は目標であったものが目標でなくなってしまったんとちがう？　あなたの気持ちは弾んでない。心ここにあらずでずーっときてるからな、やりがいもない、ただこなしてるだけ。そこにワイワイはあってもワクワクはないでしょう」

はがされていく。

生きるための目標。それは世に出ることだったはず。「事故物件」というチャンスをもらい、がむしゃらに心霊にたずさわり、怖いや不思議を伝えることで喜んでくれる人たちがいて、楽しくもあり、発見もたくさんあった。それは僕にとってやりがいを感じ、世界が広がったことだった。

だけど今は……。

「でもな、人に知ってもらえてるだけでありがたいと思ったらええんとちがう？　それだけでこの世の世界はもう充分なんとちがう？　あの世はちがっても」

知ってもらえてるだけでありがたい。確かにそうなのだ。知られていなかった時よりも、今の方が伝わりやすい。それはとても恵まれたことであり、有意義なことである。やりたいことをできる範囲が格段に広がった。それで充分なのだ、ほんと。「あの世はちがっても」がちょっと今のところまだわからないけれど。

「いろんな経験できたんや。それを伝えることがあなたの役目やさかい」

役目って何だろう？

なぜ人には役目があるのか。

なぜそれを伝えなければならないのか。

「事故物件はどうするの、まだ住むん？」

事故物件には感謝している。今の自分を作り上げてくれたのは事故物件だ。だから「もう住まない」という選択は、事故物件を裏切ってしまうような、あるいは自分がやってきたことを否定してしまうことのような気がしている。でも……。

「人間は刺激の中で生きられる。人間は変わって当たり前。同じところにいられない。死に直面したら、生きるを直面する。次はそれでもええやん」

刺激がないと生きれない。

同じ場所にはいられない。

これだ。知ることは刺激であり、同じ場所にい続けることは刺激が失われていくことである。もちろんそうではない場所もあるのだろうけれど。

そして生きること――

ここだ。僕が考えていないフリをしていたのは生きることについてだった。さっちゃんのこの言葉で、わかりたくなかったことがわかってしまった。見ないように閉じていた蓋が開いてしまった。

「人のために何かをすることの理由がわからない」というのは嘘だ。

本当は自分にも、人のために何かしたいと思っているところがあるのだろう。人の好意を、称賛を、喜ぶ姿を自分が生き続ける活動のエネルギーにしていることは否定しようがない。ただそれを認めてしまうと、自分が認めたくない人たち＝自分のために「人のため」という言葉を使う人たちと同じになってしまうような気がして避けていた。その人たちと自分のちがいを説明できなくなるから向き合わないようにしていた。

人の好意によって自分の居場所ができる。そのくせ、その好意をもらいすぎないように気をつけている。それは飽きてしまうことが怖いから。人とがっつり向き合って飽きてしまうのが怖い。もし飽きてしまったら、その人の好意を無駄にしてしまう。それがやっかいなのを自分でもわかっている。その場所を離れにくくなるから。だから人の好意を、自分が窮屈にならない程度にちょっとずつだけもらえればいいなと思っている。

本当は「わからない」のではなくて、わかるまで人と向き合いたくないのだ。

本当は自分のためかもしれないのに、人のためにと何かをすることは、自分自身に嘘とごまかしを生んでしまう。

なんてことだろう、だから僕は、わからないフリをしていたのだ。

生きることと向き合うことは、そんな自分とも向き合わなければならない。僕は自分が何者なのかがわかってしまって、自分に飽きることを怖れている。

わかりたくない。

わかると、飽きが押し寄せる。

飽きるとは、その先にワクワクする希望が見つからないこと。これが虚無の正体だ。


人も自分も、島も世界も事故物件も、知れば知るほど飽きる。

心霊も神秘も、誰かの意図だとわかってしまうとつまらなくなる。

わからないままのものだけを追い続けたい。

つまらないと思う自分の気持ちもごまかしたくない。

満足したくない。飽きるのが怖い。わからないものを知りたい。けど、わかりたくない。

終わらせたくない。

嘘を嫌う自分は真実を知りたがっているのに、虚無を嫌う自分はわかってしまうことで終わることを恐れている。

矛盾している。一番矛盾を嫌う自分が一番矛盾している。

だから僕は今ここにいる。生と向き合えないからフワフワとした状態でここにいる。

そんな自分が、人のためになんて生きられない。


さっちゃんがすっと立ち上がった。

「たとえば生きている人間の波長が障子の真ん中の横一列やとしたら、普通はその列のものしか見えへんの。けどこの波長が下がると、下の列、すなわちこの世のものではないものが見えたりする。私は真ん中の列も下の列も見えるねんけど、タニシくんのはもうここやねん」

さっちゃんは障子の下の列を指した。

「ええか、タニシくんはもうあっち側やねん」

あっち側？

でも僕には幽霊やこの世のものではないものが見えないのだけど……。

「あっち側そのものやからあなた自身には見えないの」

そのもの？

「だから、あなたができることをしたらええ」

とりあえず衝撃ではあるけれど、あっち側の僕ができることを考えてみる。いったい何ができるだろう。

黄泉比良坂で自分には「死」があると気がついた。自分に与えられたテーマは死。いや、無理矢理こじつけたテーマが死。

ただ、僕は「生」の立場から「死」を知ろうとしていた。「生」と向き合ってもいないのに、「死」を知ろうとしていた。そしてわからないことをなんとかわかるフリしようとして悶えていた。

そうだ、わからないことはわからない。

あっち側から見たこっち側

僕にできること。

事故物件に住んでいることには何の価値もない。心霊スポットに何百箇所行ったことには何の価値もない。ただ、事故物件に住んで、よくわからないものを追い続けてきたからこそ、見えるもの、感じるものがあるはず。そしてその波長だからこそ起きることもあったりする。それが何なのかはわからないけど、わからないからまた追える。

さっちゃんの言う波長とは、まちがってるかもしれないけれど、僕の解釈ではチャンネル的なものではないかと思った。

あっち側のチャンネルからのアプローチなら、今までこっち側からと思って見ていたものが、別角度で見えるようになるのではないだろうか。ということは、知ることができる範囲がさらに増える可能性がある。

おお。それって、希望じゃないか。

そうか、知ることで虚無が生まれるなら、知りたいことと、知り方を増やせばいいのか。

このやり方なら、また新たに死と向き合える。しかも、あっち側から見たこっち側はまだ知らないことばかりだ。もしかしたら、死から知る生が見つかるかもしれない。


ということは、わからないフリをして本当のことに蓋をする必要がなくなった今、まだそこにたどり着ける段階ではないのだけれど、いつかは生と向き合える時が来るかもしれない。

人のために生きるのはなぜか。

人のために生きられないのはなぜか。

これも角度を変えれば新しい答えが見つかるかもしれない。


さっちゃんは、天津の神様は、僕に途方もない難題を与えてくれた。それはまちがいなく僕の背中を押してくれた。

わからないものを知りたいと思い続けることだけが虚無から逃避できる。これは僕にとってまぎれもない事実だ。

だから、自分には知り続ける旅を続けるしかない。それが現段階で僕ができること。人のためではなく、自分のために。

触れば即死、指差しても吐血のたたり石で百物語

二〇二一年三月十八日、僕は田中さんを誘って広島県三次《みよし》市の比熊《ひぐま》山に登った。標高三三一メートルのそれほど高くないこの山頂付近に「触れば即死、指差しても吐血」といわれている大岩「たたり石」がある。僕ら二人はこの石の前で、百物語を敢行する。

午後九時、四十分かけて山を登り、たたり石の前に到着。

生配信のセッティングをし、午後九時四十四分、百物語開始。

まず田中さんが一話目の口火を切る。

「今、僕らが登ってきた比熊山のある三次という地域では、代々語り継がれている『稲生物怪録』という物語があって、これがいうなれば約三百年前の実話怪談なんですね。どういう

ことかというと、まず武士の息子である平太郎っていう十六歳の少年が、権八っていう相撲取りに稽古をつけてもらうんやけど――」

江戸時代中期の寛延二（一七四九）年、十六歳の稲生平太郎は、隣に住んでいる三井権八に相撲の稽古をつけてもらいながら、「自分には何も恐れるものはない」と、力士として諸国を回ってきた武勇伝を聞かせてもらう。しかし権八が「武芸の達人でも自分にはかなわない」と言ったため、平太郎は「武家を馬鹿にしている」と反論。それならばお互い今まで出会ったことのない恐怖「化け物」を確かめて肝試しをして、白黒つけようじゃないかということになる。

「それで二人で比熊山に登って、祟りがあるとされている石の前で百物語をするんです――」

僕と田中さんは、まさに今これをしようとしている。

今回、田中さんを呼んだ理由は、田中さんの先祖が相撲取りだからである。

田中さんの実家は魚屋で、屋号が「脇ノ浜」

山道は傾斜していて足を滑らせると崖に落ちる

という。この魚屋は田中家の先祖である脇ノ浜という力士がはじめたそうだ。

――昔々、神戸の灘に脇ノ浜という相撲取りがいた。彼は相撲取りとして実力はあったものの体力の限界を感じ、この先どうしようか悩んでいた。悩み疲れてトボトボと歩いていたら、気がつくと自分のシコ名と同じ神戸灘の脇ノ浜海岸にたどり着く。浜辺では十数人の漁師が、漁の網を綱引きのように一生懸命、海から引き上げている最中だった。脇ノ浜は相撲取りだけあって体が大きく目立つ。漁師の一人がボーッとしてる脇ノ浜を見つけて声をかけた。

「ちょっとあんた手伝ってくれへんか」

脇ノ浜は言われるままに手伝うと、一気に網は引き上げられ十数人の漁師はそのまま網と一緒に吹っ飛んだ。

「あんた相撲取りやめて魚屋やりなはれ」

たたり石まであと少し

一人の漁師の言葉で吹っ切れた脇ノ浜は、相撲取りから魚屋へと転身を決めた。こうして脇ノ浜は「脇ノ浜」の屋号を掲げ、神戸で魚屋をはじめたのだった――

田中さんの実家の入口には昔、立派な力士の廻しも飾られていたそうだが、おじいさんが死んだ瞬間におばあさんが捨ててしまったそうだ。入口を通りすぎる時に微妙に廻しが頭に当たるのがうっとうしかったみたいである。

ということで先祖が相撲取りの田中さんは権八だ。そして事故物件に住み続けて恐怖を感じない僕は平太郎。

今やっているのは令和版の稲生物怪録である。

「でも百物語を終えた二人の身にはいっさい何も起きへんかった。化け物はやっぱりおらんかったなーって言って二人はそのまま山を下りたんやけど、その約二ヶ月後、平太郎の家にでっかい一つ目のヒゲの生えた大男が現れるねん。権八の家にもちっちゃい一つ目の小坊主が布団の周りをぐるぐる回るねんけど。平太郎はでっかい一つ目ヒゲ男の手に捕まって身動き取れんくなるものの、なんとか撃退する。でもそれから一ヶ月間、毎日、平太郎の部屋には化け物がやってくる」

二日目には行灯《あんどん》が天井まで燃え盛ったと思ったらなぜか床がびちょびちょに。

三日目には長い髪の女の逆さ首がなめてきたと思ったら天井からひょうたんが。

十日目には友人が訪ねてきたかと思うと頭がぱっくり割れて中から無数の赤ん坊が。

その後も杵が勝手に臼をついてたり、畳が天井に吊るされたり、箒が勝手に掃除をはじめたり、首の部分から手の生えた女になで回されたり、何人もの虚無僧が部屋に居座って尺八を吹くフリしたり、でっかい顔が現れておでこからミミズ出したり——


「でも平太郎は化け物や妖怪の正体を見極めるために最後まで逃げなかった。それで三十日目の夜、山本《さんもと》五郎左衛門という袴姿の男が現れて『自分は魔王だ。君はどんなに驚かせても怖がらなかった。だからこれをあげよう』と言って、木槌を置いて去っていったという。この木槌が、國前寺っていうお寺に実際に残されてるねん」

田中さんが一話目を終える。

触ると即死、指差しても吐血する「たたり石」

僕は今年、十三軒目の事故物件を関東に借りた。

時を同じくして、四十二年実家暮らしの子供部屋おじさんだった田中さんも関東で一人暮らしをはじめた。

化け物たちを迎え入れる準備は万端である。


ここからはひたすら怪談のラリーが続く。

「僕が最初に住んだ事故物件の話ですが――」

「おばあちゃんの家からバシャーン、バシャーンって水をまく音が聞こえてきて――」

「いわきに米を作ると死ぬ田んぼがあって――」

「友達のだいこんが岡山の車工場で働いてる時に仕事を辞めたいって言い出して――」

「とある学校の野球グラウンドでは三塁ベースから手が生えてきて――」

「友達のだいこんが西宮の道路の真ん中にある祟り岩を正拳突きして――」

「霊能者の育代さんに大阪の事故物件を案内してたら育代さんの中に真田幸村が入ってきて――」

「友達のだいこんが原付バイクに乗ってる最中に金縛りに遭って――」

だいこんの話多いな、田中さん。

百話目の瞬間に起きたこと

日付が変わったあたりで山はどんどん冷え込んでいき、気温は最低気温の二℃まで下がる。

奪われていく体温。

迫りくる尿意。

僕らはすごいスピードで話数を稼いでいく。

「金龍ラーメンで働いてる時に券売機の前でおばあさんがブツブツ何かの数字をつぶやいてて、三の四の十六……三の四の十六……上本町三の四の十六……それ僕の住所だったんですよ」

この話はこれで終わり。一話に十秒かからなかった。

百物語達成

「今、僕らが登ってきた比熊山のある三次という地域では、代々語り継がれている『稲生物怪録』という物語があって——」

田中さんがもう一度、一話目の話をする。生配信を途中から見はじめた人に対して趣旨を説明するためにってのもあると思うけど、百物語って同じ話をしてもいいんだっけ？

そして九十九話目。

「香川県の松本くんが体験した話で、事故で亡くなった先輩の葬式の帰り道、仲間が突然、つながるはずのない先輩に電話をかけたんですね。そしたらなんと、電話がつながるんですよ。それで……」

あれ、それでどうなったんやったかな……思い出せない。ごめん、松本くん。


そしていよいよこの瞬間がやってくる。

「――僕は確かに幽霊を見たんです」

田中さんが百話目の話を終える。最後の話は田中さんには珍しく、自分が幽霊を見た話だった。


午前四時二分、百物語達成。

費やした時間、六時間十八分。

達成直後、生配信動画に乱れが生じる。百話目で起きる怪異、もうちょっとがんばってほしいところ。それかいっそまだ何も起きない方が……まあいいや。

僕らはたたり石に触れ、お礼を言って山を下りる。

一つ目のヒゲ男、逆さ首、無数の赤ん坊、首から手の生えた女、勝手に掃除する箒、何もしない虚無僧、魔王・山本五郎左衛門……。あるいは七人ミサキ、温羅、イザナミ、舜義上人、光明海上人、ムカデ、ピーガスー、古代人、平将門、崇徳天皇、数字ババア、いざなぎの呪詛、田中さんのおばあさん、真田幸村、ご先祖様、生き霊、今まで関わった死者のみなさん――

はたして誰が来てくれるだろうか。

あとはそれぞれの新居で待つだけだ。

さて、この先はいったい――

松原タニシ

1982年4月28日、兵庫県神戸市生まれ。松竹芸能所属のピン芸人。

現在は「事故物件住みます芸人」として活動。2012年よりテレビ番組「北野誠のおまえら行くな。」（エンタメ～テレ）の企画により大阪で事故物件に住みはじめ、これまで大阪、千葉、東京、沖縄など13軒の事故物件に住む。事故物件で起きる不思議な話を中心に怪談イベントや怪談企画の番組など多数出演する。

ラジオ関西「松原タニシの生きる」、CBCラジオ「北野誠のズバリ」、YouTube・ニコニコ生放送「おちゅーんLIVE！」などレギュラー出演中。

著書に『事故物件怪談 恐い間取り』『異界探訪記 恐い旅』『事故物件怪談 恐い間取り2』（以上、二見書房）、コミックの企画・原案に『ゼロからはじめる事故物件』（漫画：奥香織 小学館）、『ボクんち事故物件』（漫画：宮本ぐみ 竹書房）がある。

2020年8月には著書『事故物件怪談 恐い間取り』を原作とした映画『事故物件 恐い間取り』（配給松竹）が公開。

協力　藤田浩子（松竹芸能株式会社）
ブックデザイン　佐々木 俊（AYOND）
DTP　横川浩之
校正　玄冬書林
撮影　SUSIE（p.12-13,190-191,221,336）

死《し》る旅《たび》

2021年8月7日　初版発行

著者　松《まつ》原《ぱら》タニシ

発行所　株式会社 二見書房
東京都千代田区神田三崎町2－18－11
電話　03（3515）2311［営業］
　　　03（3515）2313［編集］
振替　00170－4－2639

印刷　株式会社 堀内印刷所
製本　株式会社 村上製本所

落丁・乱丁本はお取り替えいたします。

定価は、カバーに表示してあります。

©Tanishi Matsubara 2021,Printed in Japan.
ISBN978-4-576-21097-1
https://www.futami.co.jp

松原タニシの本

事故物件怪談
恐い間取り

前の住人が自殺・殺人・事故などで亡くなった事故物件を転々とし、体験＆取材した不思議な話を間取り付きで紹介。

事故物件怪談
恐い間取り２

松原タニシの事故物件生活はまだ続く。さらに新たに住んだ事故物件で体験＆取材した不思議な話を間取り付きで紹介。

異界探訪記
恐い旅

心霊スポット、呪いの場、火の玉目撃地、処刑場跡など約２年間で200箇所以上の異界を巡り体験した不思議な話を収録。